***ACCESO GRATIS** a la Lectura en la Nube*

Para visualizar el libro electrónico en la nube de lectura envíe junto a su nombre y apellidos una fotografía del código de barras situado en la contraportada del libro y otra del ticket de compra a la dirección:

ebooktirant@tirant.com

En un máximo de 72 horas laborales le enviaremos el código de acceso con sus instrucciones.

LA MEDIACIÓN EN EL PROCESO DE LA SUSTRACCIÓN INTERNACIONAL DE MENORES

LA MEDIACIÓN EN EL PROCESO DE LA SUSTRACCIÓN INTERNACIONAL DE MENORES

Autor:
ADOLFO EDUARDO CUITLÁHUAC MONTOYA LÓPEZ

tirant lo blanch
Ciudad de México, 2025

La presente obra ha sido dictaminada y aprobada para su publicación, de acuerdo con el sistema de revisión por pares doble ciego, por el Comité Editorial de la Facultad de Derecho de la Universidad Nacional Autónoma de México y su Comité Asesor.

Cuidado de la edición: Patricia Daniela Lucio Espino

La Mediación en el proceso de la sustracción internacional de menores

Primera edición: 2025

© EDITA: FACULTAD DE DERECHO - UNIVERSIDAD NACIONAL AUTÓNOMA DE MÉXICO
Ciudad Universitaria, Coyoacán, 04510, Ciudad de México.
coordinacioneditorial@derecho.unam.mx

© IMPRIME Y DISTRIBUYE: TIRANT LO BLANCH MÉXICO
Río Tíber 66, Piso 4, Colonia Cuauhtémoc, Alcaldía Cuauhtémoc, CP 06500, Ciudad de México. Tel.: (55) 65502317 - infomex@tirant.com - www.tirant.com/mex/- www.tirant.es

ISBN (UNAM): 978-607-30-9459-7
ISBN: 978-84-1197-980-1

EDICIÓN: Coordinación Editorial de la Facultad de Derecho

COMITÉ ASESOR DE LA FACULTAD DE DERECHO

La paciencia es amarga, pero su fruto es dulce.
Jean Jacques Rousseau

Toda la sabiduría humana se resume en dos palabras:
tener esperanza y esperar.
Alejandro Dumas.

Este libro es el resultado de muchos años de esfuerzo tanto en la práctica, como en la academia, por lo cual, siempre le agradeceré a todas aquellas personas que contribuyeron con el mismo desde cualquier perspectiva, tanto desde la aportación de una idea, como desde la ayuda material.

Gracias a mi familia por estar siempre.

Gracias a la Dra. Elva Leonor Cárdenas Miranda por todo su apoyo y paciencia.

Índice

Prólogo

El derecho humano de acceso a la justicia se encuentra contemplado en diversas disposiciones de la Convención Americana sobre Derechos Humanos, así como del Pacto Internacional de Derechos Civiles y Políticos, que determinan una serie de estipulaciones para que las personas tengan la posibilidad de recibir un trato justo, mediante un debido proceso en el que -con las debidas garantías- sean oídas dentro de un plazo razonable por una autoridad jurisdiccional independiente e imparcial.

Este derecho establecido en el ámbito internacional ha sido constitucionalizado en nuestro país en diversos artículos de nuestra Carta Magna. En especial, me gustaría referirme a la reforma constitucional publicada en el Diario Oficial de la Federación el 18 de junio de 2008, a través de la cual se estableció la posibilidad de que las leyes prevean mecanismos alternativos de solución de controversias (MASC), sin importar la materia de que se trate.

A través de estos mecanismos se busca que las personas puedan resolver sus conflictos sin la necesidad extrema de tener que someterlos a los procesos jurisdiccionales, los cuales en la mayoría de ocasiones representan mayores obstáculos debido a la rigidez procesal, con la agravante de una serie de problemas inherentes a la carga excesiva de trabajo que padecen todos los tribunales.

Por tal motivo, los mecanismos alternativos de solución representan una forma de acceder a la justicia pronta y expedita, en donde las partes intervienen de una forma más activa en el curso y solución más ágil de sus conflictos.

Después de la pandemia, la situación real de la impartición de justicia en nuestro se agravó con el cierre durante meses de los juzgados y la excesiva acumulación de expedientes, lo que vino a comprobar la necesidad de explorar nuevas formas de resolver los conflictos entre las personas.

Ante este panorama, me complace prologar la obra "La mediación en el proceso de la restitución internacional de menores" del Dr. Adolfo Eduardo Cuitláhuac Montoya López, profesor de la Facultad de Derecho, heredero de una estirpe familiar dedicada al Derecho, quien es un joven dedicado a la docencia, investigación y difusión de la cultura jurídica, que son los tres grandes objetivos que tiene la Universidad de la Nación.

La obra que el lector tiene en sus manos consta de cinco Capítulos en los que el autor aborda -con una visión moderna y adecuada a estos tiempos- el problema que se presenta al existir un trasladado o retención ilícita de un menor en un país diverso al de su residencia, sin el consentimiento de alguno de sus padres, lo cual desarrolla desde el punto de vista doctrinal; de los tratados internacionales; así como de la legislación nacional de México y también de Chile, Argentina, Uruguay y España.

Con sencillez y claridad explica el estudio dogmático de lo que representa el interés superior del menor, su protección integral, así como el marco jurídico internacional y nacional que lo sustenta. De igual forma, detalla en su Segundo Capítulo, el objetivo buscado en la restitución internacional de las niñas, niños y adolescentes, que abarca el mantenimiento de su estatus, derecho de custodia, respeto al libre desarrollo de la personalidad y dignidad de los menores, entre otros puntos.

A lo largo del desarrollo de la obra, el autor toma en consideración lo que quedó dispuesto en la *Convención de La Haya sobre Aspectos Civiles de la Sustracción Internacional de Menores*, la cual se basa de manera fundamental en el principio del interés superior del menor y cuyo objetivo es el mantenimiento de las condiciones en las que se encontraba previo a la sustracción ilícita. Desarrolla y explica las etapas en que debe fincarse la restitución, así como los plazos, excepciones y derecho de visita.

El Doctor Montoya López expone que en la práctica no siempre se cumplen los plazos establecidos en el referido instrumento internacional, lo que genera procesos largos, costosos y muchas veces traumáticos para todas las partes, por lo que es necesario plantear nuevas alternativas.

En este sentido, la propuesta que presenta esta obra consiste en que la mediación es el mecanismo idóneo para la restitución internacional de los menores, toda vez que permite llegar a acuerdos a través de un mediador que facilita el diálogo y coadyuva con las partes en la solución del conflicto. Es decir, por medio de la comunicación entre las partes; en un ámbito informal, adecuando a las necesidades del caso particular, se debe pretender buscar sus propias soluciones para evitar un proceso jurisdiccional largo y costoso, en perjuicio siempre del interés superior del menor.

Con esto se puede advertir que el presente libro representa una labor de investigación que permite entender la complejidad y los retos que implica la sustracción o retención ilegal de menores, así como su restitución conforme al derecho internacional y nacional en la implementación de los MASC, y de manera principal, la mediación.

Cierro este prólogo con el reconocimiento que merece esta obra por la calidad de su contenido, con la cual refrenda el compromiso que tiene el autor con nuestra Universidad Nacional y la Facultad de Derecho de estar a siempre a la vanguardia en el conocimiento necesario para procurar transformar la realidad de la sociedad; y en específico, de un sector que requiere una mayor protección, como son los niños, niñas y menores de edad.

A nombre de la Comunidad de la Facultad de Derecho expreso la más cordial felicitación al Dr. Adolfo Eduardo Cuitláhuac Montoya López, porque ha hecho suyo el nuevo concepto y perfil del alumnado que se forma en nuestra Máxima Casa de Estudios: juristas con vocación mediadora y conciliadora, antes que litigante y pleitista, en beneficio de quienes confían en sus conocimientos para la resolución pronta y expedita de sus conflictos.

Ciudad Universitaria, CDMX, febrero de 2023.

DR. RAÚL CONTRERAS BUSTAMANTE

Introducción

El presente trabajo aborda de manera tanto teórica como práctica, el procedimiento de sustracción internacional de niños, niñas y adolescentes, a partir del análisis del Convenio de La Haya del 25 de octubre de 1980 Sobre Aspectos Civiles de la Sustracción Internacional de Menores (en adelante el Convenio de La Haya de 1980) y las vías para solucionar cualquier conflicto derivado del mismo, lo que se realiza desde la perspectiva que el suscrito ha tenido en la práctica representando a algunas personas tanto en su carácter de solicitantes, como de requeridos, por lo cual, si bien es cierto que puede ser un punto de vista parcial, también lo es, que el presente se sustenta en tratados, leyes, convenciones, jurisprudencias y otras fuentes doctrinales que ayudan a enriquecer el mismo y comprender las problemática que envuelven al tema en cuestión desde diversas perspectivas.

De igual manera, en el presente se estudia también una posibilidad pocas veces utilizada en nuestro país en el ámbito práctico para solucionar cualquier procedimiento de sustracción internacional de menores como lo es la mediación, para lo cual igualmente se estudiará dicha figura, entendiendo los beneficios y problemáticas de la misma y como puede en su caso, ayudar a que cualquier procedimiento de sustracción internacional sea menos complejo, costoso, traumático y desgastante para las partes que lo integran y sobre todo para los niños, niñas y adolescentes que son quienes más lo sufren.

De esa forma, en el primer capítulo se abordan los antecedentes del Convenio de La Haya del 25 de octubre de 1980 y los conceptos generales que lo integran, analizando a fondo el concepto de interés superior del menor y el marco jurídico tanto nacional como internacional al respecto para culminar con el estudio de la Doctrina sobre la Protección Integral del Niño y su sustento.

En el segundo capítulo, se analiza el objetivo de la restitución internacional de menores y los elementos que la componen como son el derecho de custodia, el respeto al libre desarrollo de la personalidad y dignidad y otros derechos que tienen los niños, niñas y adolescentes, mismos que como se refirió, son parte integral del tema objeto del presente.

En el tercer capítulo, se profundiza en el procedimiento de restitución previsto en la Convención de La Haya de 1980, realizando un estudio de los 25 artículos que integran la citada Convención y la interpretación a diversos artículos que le ha dado la Suprema Corte de Justicia de la Nación, así como las acciones que ha tenido que tomar ésta a fin que los impartidores de justicia y en sí todos aquellos que intervengan en el procedimiento de restitución, comprendan y velen por los derechos a los que deben acceder todos los niños, niñas y adolescentes que sean parte del procedimiento objeto del presente. De igual manera, se analizan las etapas que comprende el procedimiento de restitución de los niños, niñas y adolescentes, los plazos para dar cumplimiento al mismo e incluso las excepciones que refiere la propia Convención, pasando por cuestiones generales y disposiciones finales de la misma.

En el cuarto capítulo, se hace un estudio de derecho comparado de cómo se tramita el procedimiento de restitución previsto en la Convención de La Haya de 1980, en países como Chile, Argentina, España, Uruguay y como éstos, han celebrado con otros, diversos acuerdos multiregionales para tener una aplicación práctica acorde a las propias necesidades de sus connacionales y personas que tengan sus mismos rasgos culturales, sociales y de pensamiento. Del mismo modo al realizarse el estudio de la legislación Argentina en el tema en cuestión, se referirá a como dicho país es un pionero en la mediación como forma de resolver problemas dentro de los problemas suscitados en el procedimiento que señala la propia Convención.

Finalmente, en el capítulo quinto, se estudian los medios alternativos de solución de controversias como forma de solventar las problemáticas que puedan derivar del procedimiento de restitución previsto en la Convención de La Haya de 1980 y en particular la mediación, analizándose su concepto y naturaleza jurídica, así como principios en México y las principales materias en las que se ha implementado como son la Civil, Familiar, Penal, Laboral, Administrativo y su relación con los Derechos Humanos, lo anterior para que el lector pueda comprender la figura objeto del presente y los beneficios que puede llegar a tener en el tema en cuestión, analizando los temas ya citados desde un punto de vista analítico, descriptivo y comparativo, profundizando en situaciones tanto doctrinales como prácticas y normativas, tratando de comprender si en su caso, es útil adicionar a la mediación dentro del procedimiento de sustracción o restitución internacional de menores, buscando siempre una solución amigable que sea en beneficio de las partes y sobre todo de las niñas, niños y adolescentes que se encuentren inmersos en este procedimiento.

De esta forma, con el presente trabajo se confirmará como la mediación como medio alternativo de solución de controversias, es una forma de solventar las problemáticas existentes dentro del proceso de restitución internacional de menores y como la implementación de manera correcta beneficia y resuelve los problemas de fondo, evitando futuros conflictos entre las partes y sobre todo, beneficiando el interés superior de los niños, niñas y adolescentes, quienes son la parte más vulnerable dentro de todo proceso familiar.

Así las cosas, el presente busca resaltar la importancia de la implementación de los medios alternativos de solución de controversias y en particular la mediación en todos los procesos de restitución internacional de menores para que con ello se faciliten los referidos procesos y los niños, niñas y adolescentes que intervengan en los mismos, tengan las menores afectaciones en este tipo de procesos, ello en atención al respeto de sus derechos humanos y en aras de proteger su interés superior.

Capítulo 1

Marco teórico conceptual

En un mundo globalizado en donde la migración puede darse por diversos factores, ya sean laborales, estudiantiles, familiares, o simplemente, con el ánimo de buscar nuevos horizontes en donde desarrollarse, es que tiene sustento el tema de la restitución internacional de menores, el cual va de la mano con los aspectos intrapersonales más íntimos. Así, hoy en día es más factible encontrar uniones entre personas de diversas nacionalidades, mismas que pueden ser tendientes a tener mayor estabilidad personal y con ello incluso formar una familia.

En tal sentido, la movilidad mencionada en el párrafo que antecede, no siempre tiene un final deseado, ya que cuando deciden separarse, si son de diversas nacionalidades o de diversas culturas, resulta claro que si existen niños, niñas o adolescentes, la guarda y custodia de éstos, es un tema importante a tratar, máxime que como referimos, es factible que alguno de los progenitores si no obtiene del otro progenitor todas sus pretensiones, sin su autorización, traslade o retenga a éstos a un país el cual no es el lugar habitual de su residencia, momento en el cual nos encontraremos ante la mencionada sustracción o retención de menores.

La sustracción internacional de menores, es un tema que si bien es cierto no es del todo nuevo, si es cada vez más recurrente y no siempre se conoce el cómo debe tratarse o resolverse, por lo que con independencia de los conceptos generales y el procedimiento de restitución, es preciso comprender que la llamada "restitución internacional de menores", descansa precisamente en el derecho de los niños, niñas y adolescentes a no ser separados ni de su otro progenitor, ni a ser retenidos o trasladados por ninguna persona (incluso algún progenitor) en un lugar diverso al cual habitan, por lo que en atención a su interés superior, no deben de ser vulnerados sus derechos, máxime si la referida restitución puede generar problemas para éstos, los cuales bien pueden minimizarse con una solución que sea lo menos traumática para el menor y por qué no, que sea amigable.

En este tenor y con la intención de combatir este problema, la comunidad internacional, el 25 de octubre de 1980, durante la Conferencia de La Haya de Derecho Internacional Privado[1], se suscribió la Convención sobre los Aspectos Civiles de la Sustracción Internacional de Menores, en adelante la Convención de La Haya del 25 de octubre de 1980, instrumento internacional que tiene como principal finalidad, el restituir a los niños, niñas y adolescentes al Estado de su residencia habitual, garantizando su interés superior, sus derechos y sobre todo, permanecer con sus padres y a no ser trasladado o retenido de manera ilícita en un país diverso del de su residencia. Dicho tratado multilateral, de acuerdo con su página oficial, cuenta con 89 Estados y una Organización Regional de Integración Económica.[2]

Es de resaltarse que la propia Convención de La Haya del 25 de octubre de 1980 sobre los Aspectos Civiles de la Sustracción Internacional de Menores, también ha señalado que para asegurar la protección de los derechos de visitas, así como los principios relacionados con el interés superior del menor, cuando se de esta sustracción o retención ilegal del menor en un lugar diverso del de su residencia, el progenitor que no

---

1 Hague Conference on Private International Law. (HCCH), disponible en su versión en línea en el link: HCCH | Sobre la HCCH, consultado el 4 de octubre de 2017.

2 Información disponible en el link: https://www.hcch.net/es/states/hcch-members, consultado el 17 de enero de 2022.

tenga contacto con éste podrá solicitar y ejercer su derecho de visita y convivencia salvaguardando sus derechos y los de su menor hijo.[3]

La elaboración y firma de este Convenio atiende de manera especial al incremento de matrimonios, divorcios, separaciones y relaciones de hecho entre personas de diversas nacionalidades en donde generalmente los progenitores o familiares consideran tener un mejor derecho respecto del otro progenitor para ejercer la guardia y custodia de su hijo, vulnerando con ello el interés superior del menor y con ello impedir en muchos casos también la convivencia con el otro progenitor.

Al respecto, el Convenio de La Haya del 25 de octubre de 1980, no es el único convenio que aborda el tema, ya que los Estados cuentan con tratados bilaterales o multilaterales dependiendo de la región geográfica en que se ubiquen, lo cual se puede comprender perfectamente en el Convenio firmado entre los Estados latinoamcricanos, quienes además del Convenio de La Haya de 1980 sobre los Aspectos Civiles de la Sustracción Internacional de Menores cuentan con otro instrumento como es el caso de la Convención Interamericana sobre Restitución Internacional de Menores, el cual al día de hoy cuenta con diecisiete(17) Estados latinoamericanos que son parte del mismo.[4]

---

3 Véase dicho Convenio disponible en su versión en línea el link: https://www.hcch.net/es/instruments/conventions/full-text/?cid=24, consultado el 11 de abril de 2020.

4 Para mayor información véase Hague Conference on Private International Law. (HCCH), ya que países como Bolivia y Antigua y Barbuda, aún no son partes del Convenio de La Haya de 1980 sobre Sustracción de Menores, aun y cuando han signado el tratado referido, disponible en su versión en línea en el link: https://www.hcch.net/es/instruments/conventions/specialised-sections/child-abduction/latin-america#interamerican, consultado el 17 de enero de 2022.

En este tenor, los convenios citados tienen su razón de ser en salvaguardar el interés superior del menor, mismo que más adelante se analizará y que es en sí, uno de los pilares del tema objeto del presente, ya que aún y cuando se trata de un concepto abstracto, ya ha sido contemplado y señalado en diversos tratados internacionales.

El primer antecedente en cuanto a un documento que hiciera mención a los derechos de los niños, data del 23 de febrero de 1923, cuando la Alianza Internacional "*Save the Children*" adoptó en su IV Congreso General, la primera Declaración de los Derechos del Niño, misma que después de ser enviada a la Sociedad de Naciones (que es la precursora de las hoy Naciones Unidas)[5], finalmente fue adoptada hasta diciembre de 1924 en la Declaración de Ginebra[6] en su versión en francés, mediante la cual se reconocía y afirmaba por primera vez, la existencia de derechos específicos para los niños y las niñas, pero sobre todo la responsabilidad de los adultos hacia ellos.

En dicha Declaración, solamente se estipularon 5 artículos, los cuales hacían referencia a los derechos de los menores de manera genérica en relación con casos de explotación, a ser cuidado y protegido en caso de abandono, a ser respetado y en sí, tener un óptimo desarrollo, por lo cual se puede decir que es el primer instrumento que refiere derechos inherentes a los menores.[7]

---

5 La Sociedad de las Naciones se estableció en el año de 1919 en virtud del Tratado de Versalles "para promover la cooperación internacional y para lograr la paz y la seguridad". Véase para mayor información el link: Precursora: La Sociedad de las Naciones | Naciones Unidas, consultado el 06 de julio del 2021.

6 *Idem.*

7 Para mayor información respecto a la Declaración, su articulado y sus antecedentes, véase BOFILL, Abril y COTS Jordi, "*La Declaración de Ginebra, Pequeña historia de la primera carta de los derechos de la infancia*", "*Comissió de la Infància de Justícia*

Así, de acuerdo con información difundida por el Fondo de las Naciones Unidas para la Infancia, se puede afirmar que:

> "El primer convenio internacional que contempló de manera genérica los derechos de los menores, fue el firmado en el año de 1959, cuando la Organización de las Naciones Unidas aprobó una Declaración de los Derechos del Niño que incluía 10 principios para proteger los derechos de la infancia, sin embargo, dicha Declaración no tenía carácter obligatorio, por lo que fue hasta el año de 1978, cuando por iniciativa del Gobierno de Polonia se presentó a las Naciones Unidas la versión provisional de una Convención sobre los Derechos del Niño.
>
> De este modo, tras 10 años de negociaciones con gobiernos de todo el mundo, líderes religiosos, Organizaciones no gubernamentales y otras instituciones, fue que se logró aprobar el texto final de la Convención sobre los Derechos del Niño el 20 de noviembre de 1989, cuyo cumplimiento sería obligatorio para todos los países que la ratificasen. La Convención se integra por 54 artículos, los cuales detallan los compromisos que los Estados partes asumen garantizar y hacer efectivos los derechos que en la propia Convención se reconocen a los niños con la finalidad de otorgarles protección especial dada a su condición natural."[8]

En el caso de nuestro país, el instrumento Internacional, fue ratificado el 21 de septiembre de 1990 y publicado en el

---

i Pau", Barcelona, 1999, disponible en su versión web en el link: https://www.humanium.org/es/ginebra-1924/#:~:text=La%20Declaraci%C3%B3n%20de%20Ginebra%20(versi%C3%B3n%20en%20franc%C3%A9s)%20de%201924%20establece,mejor%20que%20%C3%A9sta%20puede%20darle.%C2%BB&text=El%20texto%20se%20centra%20en,asistencia%2C%20socorro%20y%20a%20la%20protecci%C3%B3n, consultado el 26 de junio de 2020.

8 Para mayor información sobre la historia de dicha Convención véase el link: https://www.unicef.es/causas/derechos-ninos/convencion-derechos-ninos, consultado el 07 de febrero del 2020.

Diario Oficial de la Federación de 25 de enero de 1991[9], sin embargo, fue hasta el año 2011 cuando se incorporó el principio del interés superior del menor en el artículo 4º de la Constitución Política de los Estados Unidos Mexicanos.

En este sentido, el 13 de diciembre de 1990 y el 22 de junio de 1994 se firmaron respectivamente el Convenio de La Haya de 1980[10] y la Convención Interamericana sobre Restitución Internacional de Menores,[11] mismos que fueron aprobados por la Cámara de Senadores de nuestro país y en su oportunidad ratificados por el Estado Mexicano, a fin de combatir tanto el traslado como la retención ilegal de niños y niñas mexicana en el extranjero y con ello lograr con otros Estados una cooperación internacional eficaz.

En este orden de ideas, es menester señalar que todo tratado que verse sobre la restitución internacional de menores, está basado en los derechos contemplados por la Convención sobre los Derechos del Niño que es el instrumento más importante en el tema de protección de los derechos de los niños, niñas y adolescentes, mismos que refiere la Comisión Nacional de los Derechos Humanos de nuestro país al señalar lo siguiente:

> "… la mayor satisfacción de todas y cada una de las necesidades de niñas, niños y adolescentes y su aplicación exige adoptar un enfoque basado en derechos que permitan garantizar el

---

9 Véase Diario Oficial de la Federación de 25 de enero de 1991, disponible en su versión en línea en el link: http://dof.gob.mx/nota_detalle.php?codigo=4701290&fecha=25/01/1991, consultado el 8 de febrero del 2020.

10 Véase el instrumento citado, disponible en el sitio web de la Conferencia de la Haya en el link: https://www.hcch.net/es/instruments/conventions/full-text/?cid=24, consultado el 8 de abril de octubre del 2017.

11 Véase el instrumento citado, disponible en el sitio web de la Conferencia de la Haya, en el link: HCCH | Sección Latinoamérica y el Caribe, consultado el 8 de abril del 2017.

> respeto y protección a su dignidad e integridad física, psicológica, moral y espiritual, para lo cual en sus diversos numerales señala diversos principios y derechos, llamando la atención que si bien es cierto no señala de manera expresa el principio de interés superior del niño, si refiere criterios rectores para la elaboración de normas y la aplicación de éstas en todos los órdenes relativos a la vida del niño, mismos que deberán ser analizados en todo momento por quienes traten temas inherentes a menores."[12]

De lo antes mencionado, resulta claro que la restitución internacional de menores contempla muchos aspectos inherentes al ser humano y que son protegidos por los Estados en sus instituciones protectoras de Derechos Humanos, mismos que deben ser acorde a los diversos conceptos regulados por las normatividades internacionales, sin embargo, uno de los principales problemas como más adelante se enunciará, consiste en que, si bien es cierto, dicha restitución tiene un procedimiento generalizado conforme al propio Convenio de La Haya del 25 de octubre de 1980, también lo es, que en la práctica los mismos pueden resultar largos, costosos y traumáticos para todas las partes, por lo cual la implementación de los medios alternativos de solución de controversias y en concreto la mediación, bien podría ayudar a solucionar los conflictos de forma mucho más amigable y en donde todos queden conformes con el resultado, todo basado en el interés superior del menor que más adelante se abordará.

---

[12] Para mayor información véase el folleto emitido por la Comisión Nacional de Derechos Humanos "*El interés superior de niñas, niños y adolescentes una consideración primordial*" disponible en su versión en línea en el link: https://www.cndh.org.mx/sites/default/files/doc/Programas/Ninez_familia/Material/cuadri_interes_superior_NNA.pdf, consultado el 13 de febrero del 2020.

1.1. CONCEPTOS GENERALES

Con el propósito de lograr una mejor comprensión del tema que se analiza, a continuación, se explican algunos de los conceptos que, si bien no son los únicos, a mi juicio, si son los más importantes y la base en el tema de la restitución internacional de menores los cuales han servido incluso como bases legislativas en diversos países[13] para regular el procedimiento en materia de restitución internacional de menores:

a) Patria potestad. Es una institución jurídica, y más que una potestad o un derecho en interés de quien la ejerce, tiene una función protectora de los hijos menores de edad, que promueve el desarrollo físico e intelectual de éstos y la salvaguarda de sus bienes materiales y morales, y resulta una carga a quien deba ejercerla.[14]

---

13 Véanse las bases legislativas para el trámite urgente de los pedidos de restitución internacional de menores en Argentina, así como Feldstein de Cárdenas, Sara L. y Scotti, Luciana B., "*La restitución internacional de menores en el MERCOSUR*", en: elDial.com online, Biblioteca Jurídica online. Suplemento mensual de Derecho Internacional Privado y de la Integración N° 23, 29 de septiembre, 2006, pág. 10, disponible en su versión en línea en https://www.eldial.com/nuevo/lite-tcd-detalle.asp?id=2550&id_publicar=1734&fecha_publicar=29/09/2006&camara=Doctrina&base=50, así como en Microsoft Word–RESUMEN PROYECTO UBACYT, consultados el 26 de agosto de 2020.

14 Ruggiero, Roberto, *"Instituciones de Derecho Civil"*, Editorial Reus, Madrid, España, 1931, pág. 890, en Domínguez Martínez, Jorge Alfredo, Sánchez Barroso, José Antonio, Coordinadores, *Homenaje al maestro José Barroso Figueroa por el Colegio de Profesores de Derecho Civil, Facultad de Derecho-UNAM*, México: UNAM, Instituto de Investigaciones Jurídicas, 2016, pág. 52, disponible en su versión en línea en: "*Homenaje al maestro José Barroso Figueroa por el Colegio de Profesores de Derecho Civil, Facultad de Derecho-UNAM*", consultado el 07 de julio de 2021.

b) Guarda y custodia. Es la acción de los padres de velar por sus menores hijos y tenerlos en su compañía, forma parte de las funciones personales que junto con las funciones patrimoniales integran la patria potestad y que van dirigidas a asegurar el desarrollo pleno e integral del menor.[15]

c) Derecho de visita. Es una institución fundamental del derecho familiar y tiene como finalidad regular, promover, evaluar, preservar y, en su caso, mejorar o reencausar la convivencia en el grupo familiar respecto de menores y, por ello, se encuentra por encima de la voluntad de la persona a cuyo cargo se encuentre la custodia del menor, por tratarse de un derecho humano principalmente dirigido a él, aunque también favorezca indirectamente a sus ascendientes y a quienes conforman dicho grupo.[16]

d) Sustracción o secuestro internacional de menores. Es el fenómeno que se produce cuando un sujeto traslada a un menor de un país a otro con infracción de las disposiciones legales.[17]

---

15 La anterior definición se desprende de la resolución emitida por la Primera Sala de la Suprema Corte de Justicia de la Nación al resolver el recurso de revisión 583/2013, y que dio lugar a la tesis: 1a./J. 31/2014 (10ª.), *Gaceta del Semanario Judicial de la Federación*, Libro 5, Abril de 2014, Tomo I, página 451, registro digital: 2006227, disponible para su consulta en el sitio web de la Suprema Corte de Justicia de la Nación, en el link: Detalle–Tesis–2006227 (scjn.gob.mx), consultada el 07 de julio del 2021.

16 Tesis: I.5o.C. J/32 (9ª.), *Gaceta del Semanario Judicial de la Federación* Libro IX, junio de 2012, Tomo 2, página 698, disponible en el sitio web de la Suprema Corte de Justicia de la Nación, en el link: Detalle–Tesis–160075 (scjn.gob.mx), consultado el 9 de mayo del 2022.

17 Calvo Caravaca, Luis Alfonso y Carrascosa González, Javier, *"Sustracción Internacional de Menores: Una Visión General"*, Revista Institución Fernando el Católico, España, Zaragoza, 2009, págs. 115 a 155, disponible en: http://ifc.dpz.es/recursos/publicaciones/31/41/10calvocarrascosa.pdf, consultado el 07 de julio del 2021.

e) Proceso de resolución o gestión de conflicto, en donde las partes asisten voluntariamente y con la ayuda de un tercero profesional, a construir acuerdos tomando decisiones de manera natural sobre el tema motivador del conflicto.[18]

En este sentido, para Luca Santianello, la retención ilegal se da cuando:

f) La retención ilegal de menores en el extranjero: "… en el extranjero es cuando el niño no es devuelto por uno de los padres a su país de origen o de residencia habitual, después de un período de estancia en un país extranjero, al que el otro padre había dado su consentimiento."[19]

De igual manera y siguiendo con los conceptos necesarios para el presente tema, hay que referirnos a los que han sido mencionados por la autora Beatriz Scotti en sus obras sobre el tema tratado:

g) Restitución internacional de menores: es un mecanismo, un procedimiento autónomo que impone la cooperación mutua entre los Estados, para efectivizar el pronto retorno del menor al Estado de su residencia

---

18 Landero, Egla, *"Los Mecanismos Alternativos de Solución de Controversias como Derecho Humano"* en. Revista Castellano-Manchega de Ciencias sociales, núm. 17, junio, 2014, págs. 81-95 Asociación Castellano Manchega de Sociología Toledo, España, disponible en: Redalyc. LOS MECANISMOS ALTERNATIVOS DE SOLUCIÓN DE CONTROVERSIAS COMO DERECHO HUMANO (revistaderecho.com.co), consultado el 28 de octubre de 2019.

19 Citado en Arias Gómez, M., *"El retorno del niño sustraído a su residencia habitual: objetivo de la convención interamericana sobre restitución internacional de menores"*, Revista CCCSS Contribuciones a las Ciencias Sociales, número 19, enero a marzo 2013, págs. 45 a 67, disponible en: www.eumed.net/rev/cccss/23/restitucion-internacional-menores.html, consultado el 9 de mayo del 2017.

habitual, cuando fue trasladado o retenido ilícitamente, es decir, conculcando un derecho de custodia atribuido de conformidad con la ley de residencia habitual del menor, y ejercido de forma efectiva al momento del traslado o retención.

h) Interés superior del niño: es el conjunto de bienes necesarios para el desarrollo integral y la protección de la persona, pero entendido éste por el que más conviene en un momento dado, en cierta circunstancia y analizado en su caso concreto particular. [20]

i) Traslado o retención ilícitos: cuando se realizaren en infracción de un derecho de custodia efectivamente ejercido, sea éste exclusivo o compartido, atribuido por el derecho de residencia habitual del menor inmediatamente antes del traslado o retención, ya sea de pleno derecho, por una decisión jurisdiccional o administrativa o por acuerdo de partes.

j) Derecho de custodia: comprende la facultad de decidir sobre el lugar de residencia del menor y por lo tanto del traslado del menor. La jurisprudencia internacional ha sostenido reiteradamente que se habilitará la vía de los Convenios cuando cualquier persona física, tribunal, institución u órgano, que tenga un derecho a objetar el traslado del menor fuera de la jurisdicción, no sea consultada previamente al traslado o se niegue a él. Es suficiente entonces la existencia de la facultad de decidir acerca de la radicación del menor en el extranjero para que se configure la noción de custodia prevista en los convenios.

k) Residencia habitual: se refiere a una situación de hecho que supone estabilidad y permanencia, y alude al centro

---

[20] Se abundará en el concepto en el apartado de interés superior del niño.

de gravedad de la vida del menor, con exclusión de toda referencia al domicilio dependiente de los menores.

l) Menor: niños y adolescentes de hasta 16 años de edad. [21]

Al respecto, la Convención sobre los Derechos del Niño refiere en su artículo 1, que se debe entender por éste a todo ser humano menor de dieciocho años de edad, salvo que, en virtud de la ley que le sea aplicable, haya alcanzado antes la mayoría de edad.[22] En este tenor, la Ley General de los Derechos de Niñas, Niños y Adolescente señala en su artículo 5. Son niñas y niños los menores de doce años, y adolescentes las personas de entre doce años cumplidos y menos de dieciocho años de edad. Para efectos de los tratados internacionales y la mayoría de edad, son niños los menores de dieciocho años de edad.

Cuando exista la duda de si se trata de una persona mayor de dieciocho años de edad, se presumirá que es adolescente. Cuando exista la duda de si se trata de una persona mayor o menor de doce años, se presumirá que es niña o niño.[23] En ese mismo sentido lo señala la Ley Nacional del Sistema Integral de Justicia Penal para Adolescentes

---

[21] Scotti, Luciana Beatriz, "*Bases Legislativas para el Trámite Urgente de los Pedidos de Restitución Internacional de Menores*", Argentina, Universidad de Buenos Aires, 2006, págs. 10 y 11, disponible en su versión en línea en: http://www.uba.ar/download/investigacion/resumenscotti.pdf, consultado el 7 de mayo del 2017.

[22] Véase artículo en el portal web del Fondo de las Naciones Unidas para la infancia, disponible en el sitio web del Texto de la Convención sobre los Derechos del Niño | UNICEF, consultado el 18 de abril de 2022.

[23] Véase el artículo 5 de la Ley de General de las Niñas, Niños y Adolescentes, disponible en el sitio web de la Cámara de Diputados, en su versión en línea en el link: https://www.diputados.gob.mx/LeyesBiblio/pdf/LGDNNA.pdf, consultado el 18 de abril de 2022.

al citar en su artículo 8, "Si existen dudas de que una persona es adolescente se le presumirá como tal y quedará sometida a esta Ley, hasta en tanto se pruebe lo contrario. Cuando exista la duda de que se trata de una persona mayor o menor de doce años, se presumirá niña o niño."[24]

m) Mediación: Es un proceso de resolución o gestión de conflicto, en donde las partes asisten voluntariamente y con la ayuda de un tercero profesional, a construir acuerdos tomando decisiones de manera natural sobre el tema motivador del conflicto.[25]

Por su parte, el artículo 2, fracción X, de la Ley de Justicia Alternativa del Tribunal Superior de Justicia para el Distrito Federal, define a la mediación como el procedimiento voluntario por el cual dos o más personas involucradas en una controversia, a las cuales se les denomina mediados, buscan y construyen una solución satisfactoria a la misma, con la asistencia de un tercero imparcial denominado mediador.[26]

---

[24] Véase la Ley Nacional del Sistema Integral de Justicia Penal para Adolescentes, disponible en su versión en línea en el link: https://www.diputados.gob.mx/LeyesBiblio/pdf/LNSIJPA 011220.pdf, consultado el 18 de abril de 2022.

[25] Landero, Egla, *"Los Mecanismos Alternativos de Solución de Controversias como Derecho Humano"* en Revista Castellano-Manchega de Ciencias sociales, núm. 17, junio, 2014, págs. 81-95, Asociación Castellano Manchega de Sociología Toledo, España, disponible en: Redalyc. LOS MECANISMOS ALTERNATIVOS DE SOLUCIÓN DE CONTROVERSIAS COMO DERECHO HUMANO (revistaderecho.com.co), consultado el 28 de octubre de 2019.

[26] Véase el artículo 2, fracción X de la Ley de Justicia Alternativa del Tribunal Superior de Justicia para el Distrito Federal, disponible en su versión línea en el sitio web del congreso de la Ciudad de México, disponible en: LEY DE JUSTICIA ALTERNATIVA DEL TRIBUNAL SUPERIOR DE JUSTICIA PARA EL DISTRITO FEDERAL (congresocdmx.gob.mx), consultado el 18 de abril de 2022.

Es importante señalar que cada uno de los conceptos descritos anteriormente, si bien es cierto no son universales ya que son abstractos la mayoría de ellos, si son conceptos comprendidos dentro del contexto de la restitución internacional de menores por lo que su aplicación en la regulación interna de cada uno de los países miembro de las Convenciones puede variar y adecuarse al caso concreto, sin embargo, para los efectos del presente, a mi juicio fueron los más acertados.

Así, para mejor entendimiento del tema, se debe comprender y analizar el ya referido "interés superior del menor" y la doctrina de la "protección integral" que es la base de la Convención sobre los Derechos del Niño, por lo que es menester abundar en ellos, ya que son la base de los tratados y convenios internacionales que tratan de proteger y regular la referida restitución internacional de menores, hecho que se hará a continuación haciendo un análisis de fondo.

1.2. INTERÉS SUPERIOR DEL MENOR

El término "interés superior", es un concepto que hoy en día se utiliza de manera común entre los juzgadores y personas encargadas de salvaguardar a los menores de edad, sin embargo, es de precisarse que muchas veces no es un concepto que se comprenda en su totalidad, ya que además de ser un término abstracto, al día de hoy aún no se encuentra plenamente conceptualizado de manera total, por lo cual su entendimiento muchas veces genera confusiones entre quienes lo aplican, llevando con ello erróneas interpretaciones al respecto. Del mismo modo, es de precisarse que igualmente el término menor, ha evolucionado para referirnos a éste en alusión a niño, niña o adolescente, tal y como más adelante abundaremos.

Como se mencionó en el apartado que antecede, el término "interés superior del menor" es un concepto que no se encuentra del todo acabado, ya que se puede afirmar incluso que es un concepto dinámico, toda vez que ha sido estudiado por diversos autores, quienes incluso lo han definido en vertientes no siempre claras, sin embargo, son en mi opinión, los organismos y convenios internacionales especializados en derechos humanos y en este caso de protección a los menores, quienes lo han desarrollado y explicado de mejor manera, y aún y cuando prácticamente ninguno lo ha limitado, si han sido diversos los elementos que se han mencionado para integrarlo.

En tal sentido, la Convención de 1989 sobre los derechos del Niño, como se refirió anteriormente, es el tratado especializado en la protección de los derechos de la infancia, el cual busca la mayor satisfacción y protección de todas y cada una de las necesidades de niñas, niños y adolescentes, por lo que su aplicación exige adoptar un enfoque basado en derechos que permita garantizar el respeto y protección a su dignidad e integridad física, psicológica, moral y espiritual.

La Convención contempla en sus diversos numerales, principios y derechos, llamando la atención que si bien es cierto señala de manera expresa el principio de interés superior del niño, no lo define, por lo cual solamente refiere criterios rectores para la elaboración de normas y la aplicación de éstas en todos los órdenes relativos a la vida de los niños, niñas y adolescentes, mismos que deberán ser analizados en todo momento por quienes traten temas inherentes a la infancia.

De esta forma, la Convención en cita no define el concepto de "interés superior" pero si refiere criterios de aplicación, por lo que es evidente que la misma no es homogénea, ya que dependerá de cada aplicador el delimitarla, hecho que en la práctica ha tenido un sinfín de interpretaciones basados en diversos tratados internacionales, al grado tal, que incluso el 30 de marzo de 2001, la Comisión Interamericana de Derechos Humanos sometió a la Corte Interamericana de Derechos Humanos una solicitud de opinión sobre la interpretación de los artículos 8 y 25 de la Convención Americana[27], ello con el propósito de determinar las medidas especiales establecidas en el artículo 19 de la misma Convención y que constituyen "límites al arbitrio o a la discrecionalidad de los Estados" en relación a niños, niñas y adolescentes[28], y con ello, tener la formulación de criterios generales válidos sobre la materia dentro del marco de la Convención Americana, siendo el resultado de ello, la Opinión Consultiva OC-17/2002 del 28 de agosto del 2002.[29]

En dicha Opinión Consultiva y aún y cuando el término de interés superior del niño se menciona en cuarenta ocasiones, resalta el hecho que en su capítulo VII, tiene un capítulo del mismo en donde se plasma lo relacionado al concepto en cita en 6 de sus artículos, los cuales van del 56 al 61, y que a la letra señalan:

> (...)
>
> VII INTERÉS SUPERIOR DEL NIÑO
>
> 56. Este principio regulador de la normativa de los derechos del niño se funda en la dignidad misma del ser humano, en las características propias de los niños, y en la necesidad de propiciar el desarrollo de éstos, con pleno aprovechamiento de

---

27 Los artículos refieren las garantías y protección judicial que deben brindar los Estados a todos los integrantes a sociedad en su actuar.

28 Dicha facultad deviene del artículo 64 1 que menciona: Los Estados miembros de la Organización podrán consultar a la Corte acerca de la interpretación de esta Convención o de otros tratados concernientes a la protección de los derechos humanos en los Estados americanos. Asimismo, podrán consultarla, en los que les compete, los órganos enumerados en el capítulo X de la Carta de la Organización de los Estados Americanos, reformada por el Protocolo de Buenos Aires.

29 Véase la Opinión Consultiva en el sitio web de la página de la Corte Interamericana de Derechos Humanos, disponible en: https://www.corteidh.or.cr/docs/opiniones/seriea_17_esp.pdf, consultada el 25 de agosto de 2020.

sus potencialidades, así como en la naturaleza y alcances de la Convención sobre los Derechos del Niño.

57. A este respecto, el principio 2 de la Declaración de los Derechos del Niño (1959) establece:

El niño gozará de una protección especial y dispondrá de oportunidades y servicios, dispensado todo ello por la ley y por otros medios, para que pueda desarrollarse física, mental, moral, espiritual y socialmente en forma saludable y normal, así como en condiciones de libertad y dignidad. Al promulgar leyes con este fin, la consideración fundamental a que se atenderá será el interés superior del niño.

58. El principio anterior se reitera y desarrolla en el artículo 3 de la Convención sobre los Derechos del Niño, que dispone:

1. En todas las medidas concernientes a los niños que tomen las instituciones públicas o privadas de bienestar social, los tribunales, las autoridades administrativas o los órganos legislativos, una consideración primordial a que se atenderá será el interés superior del niño.

(...)

59. Este asunto se vincula con los examinados en párrafos precedentes, si se toma en cuenta que la Convención sobre Derechos del Niño alude al interés superior de éste (artículos 3, 9, 18, 20, 21, 37 y 40) como punto de referencia para asegurar la efectiva realización de todos los derechos contemplados en ese instrumento, cuya observancia permitirá al sujeto el más amplio desenvolvimiento de sus potencialidades. A este criterio han de ceñirse las acciones del Estado y de la sociedad en lo que respecta a la protección de los niños y a la promoción y preservación de sus derechos.

60. En el mismo sentido, conviene observar que para asegurar, en la mayor medida posible, la prevalencia del interés superior del niño, el preámbulo de la Convención sobre los Derechos del Niño establece que éste requiere "cuidados especiales", y el artículo 19 de la Convención Americana señala que debe recibir "medidas especiales de protección". En ambos casos, la necesidad de adoptar esas medidas o cuidados proviene de la situación específica en la que se encuentran los niños, tomando en cuenta su debilidad, inmadurez o inexperiencia.

> 61. En conclusión, es preciso ponderar no sólo el requerimiento de medidas especiales, sino también las características particulares de la situación en la que se hallan el niño.
>
> (...)[30]

Resulta claro que al analizar la Opinión Consultiva OC-17/2002 del 28 de agosto del 2002, se puede apreciar que tampoco se plasma de manera clara una definición del interés superior del menor y si bien es cierto se contempla un concepto que debe ser el eje rector de toda determinación judicial, el cual debe estar basado en la dignidad del menor, en el derecho a su identidad y en otros derechos humanos, es claro que si no se conocen los elementos integrantes del mismo, siempre será complicado comprender el concepto y por tanto, fijar las limitantes.

De esta forma, cualquier autoridad jurisdiccional que busque proteger el interés superior de cualquier infante, debe atender a dicha Opinión Consultiva, máxime que es al menos un primer documento que trata de regular y delimita la función de los Estados cuando se encuentre en peligro el llamado "interés superior" de los niños, niñas y adolescentes.

De esta forma, y dada la poca claridad del concepto como tal, fue hasta el año 2013, cuando la Organización de las Naciones Unidas mediante el Comité de los Derechos del Niño, emitió la Observación general No. 14 (2013), a fin de realizar un análisis sobre el concepto del interés superior y determinar los elementos del concepto, sus alcances e implicaciones para que pueda ser aplicado de manera similar en todos los Estados parte de la Convención de los Derechos del Niño.

De esta Observancia general No. 14 (2013), resalta que "el concepto en sí no es nuevo ya que se había plasmado desde la

---

30 *Íbidem.*

Declaración de los derechos del niño de 1959, en su párrafo segundo y en la Convención sobre la eliminación de todas las formas de discriminación contra la mujer (arts. 5 b y 16, párr. 1 d), así como en instrumentos regionales y numerosas normas jurídicas nacionales e internacionales", destacando el Protocolo facultativo de la Convención relativo a la venta de niños, la prostitución infantil y la utilización de niños en la pornografía (preámbulo y artículo 8) y el Protocolo facultativo de la Convención relativo a un procedimiento de comunicaciones (preámbulo y artículos 2 y 3).[31]

De igual manera en la Observación General citada se explica que el concepto de "interés superior del menor"[32], mencionado en el artículo 3°, párrafo 1 de la Convención sobre los Derechos del Niño, es un concepto dinámico e integral que se debe comprender desde distintas perspectivas y que elementos integrante son, un derecho sustantivo, un principio jurídico y una norma procedimental, misma que se actualiza a cada hipótesis según se necesite y que puede ir cambiando, debiéndose entender por los mismos lo siguiente:

a) "Un derecho sustantivo: el derecho del niño a que su interés superior sea una consideración primordial que se evalúe y tenga en cuenta al sopesar distintos intereses para tomar una decisión sobre una cuestión debatida, y la garantía de que ese derecho se pondrá en práctica

---

31 Para mayor información véase el sitio web de la Organización de las Naciones Unidas (ONU): Comité de los Derechos del Niño (CRC), "*Observación general N° 14 (2013) sobre el derecho del niño a que su interés superior sea una consideración primordial (artículo 3, párrafo 1)*, 29 Mayo 2013," CRC /C/GC/14, disponible en su versión en línea en: https://www.refworld.org.es/docid/51ef9aa14.html, consultado el 24 de febrero del 2020.

32 El término menor, en la actualidad se ha ido modificando según la Teoria de la Doctrina Integral tal como más adelante se analizará.

siempre que se tenga que adoptar una decisión que afecte a un niño, a un grupo de niños concreto o genérico o a los niños en general. El artículo 3, párrafo 1, establece una obligación intrínseca para los Estados, es de aplicación directa (aplicabilidad inmediata) y puede invocarse ante los tribunales.

b) Un principio jurídico interpretativo fundamental: si una disposición jurídica admite más de una interpretación, se elegirá la interpretación que satisfaga de manera más efectiva el interés superior del niño. Los derechos consagrados en la Convención y sus Protocolos facultativos establecen el marco interpretativo.

c) Una norma de procedimiento: siempre que se tenga que tomar una decisión que afecte a un niño en concreto, a un grupo de niños concreto o a los niños en general, el proceso de adopción de decisiones deberá incluir una estimación de las posibles repercusiones (positivas o negativas) de la decisión en el niño o los niños interesados. La evaluación y determinación del interés superior del niño requieren garantías procesales. Además, la justificación de las decisiones debe dejar patente que se ha tenido en cuenta explícitamente ese derecho. En este sentido, los Estados partes deberán explicar cómo se ha respetado este derecho en la decisión, es decir, qué se ha considerado que atendía al interés superior del niño, en qué criterios se ha basado la decisión y cómo se han ponderado los intereses del niño frente a otras consideraciones, ya se trate de cuestiones normativas generales o de casos concretos."[33]

De igual manera y dado que en el ámbito internacional el interés superior del menor juega un papel muy importante, ya

---

33 *Ibidem*, pág. 4.

que al ser cambiante como se ha referido, es de suma importancia que se estudie cada caso en particular, considerando los hechos y la situación del niño afectado, por lo que el Comité de los Derechos del Niño ha recomendado algunos elementos que deben evaluarse para determinarlo en cada caso, como: a) la opinión del niño; b) la identidad del niño; c) la preservación del entorno familiar y el mantenimiento de las relaciones; d) el cuidado, protección y seguridad del niño; e) la situación de vulnerabilidad; f) el derecho del niño a la salud; g) y el derecho del niño a la educación.[34]

Ahora bien, para identificar el interés superior del niño frente a una sustracción internacional, se han establecido dos metodologías, la primera consiste en elaborar ciertos criterios o parámetros que nos permitan interpretar y determinar el interés superior en cada caso concreto[35]y la segunda en incorporar en los ordenamientos jurídicos de corte continental

---

34 Véase la evaluación y determinación del interés superior del niño y las garantías procesales para velar por la observancia del interés superior del niño en la Observación General 14, sobre el derecho del niño a que su interés superior sea una consideración primordial (artículo 3, párrafo 1), disponible en: http://www.unicef.cl/web/informes/derechos_nino/14.pdf.

35 Se ha señalado que si bien esta fórmula, empleada entre otros por Reino Unido, (*Children Act,* 1989), Estados Unidos (*Uniform Marriage and Divorce Act,* 1970) y Australia (*Family Law Act,* 1975) presenta ventajas en lo relativo a la concreción del concepto *interés superior del menor,* también ha sido cuestionada debido a que por un lado puede dejar fuera cuestiones propias de la evolución social y, por otro, obstruye la valoración de los distintos parámetros *in casu.* Herranz Ballesteros, Mónica, "*El Interés Superior del Menor en los Convenios de la Conferencia de la Haya de Derecho Internacional Privado*", Editorial Lex Nova, Madrid, 2004, pág.47, citado en: Rizik-Mulet, Lucía, "*Sustracción Internacional de Menores: Jurisprudencia Reciente de los Tribunales Superiores de Justicia Chilenos*", International Law: Revista Colombiana de Derecho Internacional, núm. 29, julio, 2016, pág. 200.

incorporan el interés superior del menor como cláusula general, misma que obliga a que el margen de discrecionalidad que se deja al intérprete conduzca a una decisión acorde con los derechos fundamentales, en función de la finalidad de la ley en la que se incluye.[36]

De esta forma y tomando en cuenta las anteriores consideraciones, en el marco del Convenio, la autoridad administrativa o judicial no cuenta con la facultad para valorar las aptitudes parentales de los progenitores para ejercer el cuidado y la crianza del niño/a, sino más bien debe ser resuelto con celeridad y sentido de urgencia la sustracción o retención, toda vez que se trata de un acto ilícito, y en caso de que así sea valorado, se deberá ordenar una restitución de manera segura, y serán en todo caso los tribunales del lugar de residencia del menor quienes podrán decidir sobre el fondo cuando existan situaciones excepcionales como serían las que pongan en riesgo al menor o bien, cuando se encuentre ya identificado en su nuevo entorno pasado un año de la referida sustracción, pero siempre atendiendo a su interés superior.

Para poder entender el proceso que conlleva la restitución de un menor en una situación de hecho se crea de manera automática vínculos artificiales de competencia judicial internacional

---

36 Herranz Ballesteros, Mónica, *El interés superior del menor en los Convenios de la Conferencia de la Haya de Derecho Internacional Privado*, Editorial Lex Nova, Madrid, 2004, pág. 47, citado en: Rizik-Mulet, Lucía, *Sustracción Internacional de Menores: Jurisprudencia Reciente de los Tribunales Superiores de Justicia Chilenos*", International Law: Revista Colombiana de Derecho Internacional, núm. 29, julio, 2016, pág. 201.

con miras de lograr la protección de las autoridades del Estado donde el menor ha sido ilícitamente llevado o retenido.[37]

De lo antes expuesto, se puede comprender que si bien es cierto el concepto de interés superior del menor, ha sido objeto de innumerables trabajos de investigación, solo a través de un estudio pormenorizado del caso y de los Tratados Internacionales es que se va a poder comprender a fondo, esto es, que significa el citado concepto, hecho que muchas veces en la práctica los juzgadores no tienen en cuenta, ya que dictan resoluciones sin tomar en consideración los tres elementos mencionados en la Observación General emitida por la Organización de las Naciones Unidas en relación con el tema objeto del presente trabajo.

En este orden de ideas, en nuestro sistema nacional, la Suprema Corte de Justicia de la Nación se ha tenido que pronunciar al respecto, dictando diversas tesis jurisprudenciales y aisladas al respecto como lo es la que tiene el rubro "**INTERÉS SUPERIOR DEL MENOR COMO ELEMENTO DE INTERPRETACIÓN EN EL ÁMBITO JURISDICCIONAL**".

En este sentido, la tesis citada, tiene como fin que los propios juzgadores apliquen criterios homogéneos y siempre velen por la protección del interés superior del menor, ponderando los

---

[37] Fernández Pereiro, Adriana, *Restitución Internacional de Menores*, Revista Uruguaya de derecho de Familia. 2005, No. 18, pág. 95, citado en: Tellechea Bergman, Eduardo, Restitución Internacional de Menores y Cooperación Jurisdiccional Internacional, Necesidad de Nuevos Desarrollos, Revista Secr. Trib.perm.revis. Año 5, No. 9, Marzo 2017, Uruguay, pág. 13, disponible en el sitio web de la Revista de la Secretaria del Tribunal Permanente de revisión de la MERCOSUR en el link: Vista de Restitución internacional de menores y cooperación jurisdiccional internacional, necesidad de nuevos desarrollos. Complementariedad de convenios | Revista de la Secretaría del Tribunal Permanente de Revisión (revistastpr.com), consultado el 9 de mayo del 2022.

intereses en juego y sobre todo que "en el ámbito jurisdiccional el interés superior del menor sea tanto un principio orientador como una clave heurística de la actividad interpretativa relacionada con cualquier norma jurídica que deba aplicarse a un niño en un caso concreto o que pueda afectar sus intereses. Así, el interés superior del menor ordena la realización de una interpretación sistemática que considere los deberes de protección de los menores y los derechos especiales de éstos previstos en la Constitución Política de los Estados Unidos Mexicanos, en los tratados internacionales y en las leyes de protección de la niñez; de este modo, el principio del interés superior del menor se consagra como criterio orientador fundamental de la actuación judicial"; favoreciendo al menor sobre cualquier otro supuesto, teniendo en consideración su derecho a la identidad y al libre desarrollo de su personalidad.[38]

Así, para nuestro máximo Tribunal acorde a la tesis de rubro "**INTERÉS SUPERIOR DEL MENOR. SU CONFIGURACIÓN COMO CONCEPTO JURÍDICO INDETERMINADO Y CRITERIOS PARA SU APLICACIÓN A CASOS CONCRETOS**", los elementos sobre los cuales descansa el interés superior, pueden ser diversos e incluso cambiantes acorde al momento y lugar en donde se juzgue, por lo cual debe entenderse como un concepto indeterminado en donde los propios tribunales lo valorarán haciendo uso de criterios racionales y atendiendo a la situación familiar del menor destacando los siguientes: a) se deben satisfacer, por el medio más idóneo, las necesidades materiales básicas o vitales del menor, y las de tipo espiritual, afectivas y educacionales; b) se deberá atender a los deseos,

---

38 Tesis: 1a. LXXXIII/2015 (10a.), *Semanario Judicial de la Federación*. Décima Época, registro digital: 2008546, Libro 15, febrero de 2015; Tomo II; Pág. 1398, disponible en el sitio web de la Suprema Corte de Justicia de la Nación en el link: Detalle–Tesis–2008546 (scjn.gob.mx), consultado el 08 de julio de 2021.

sentimientos y opiniones del menor, siempre que sean compatibles con lo anterior e interpretados de acuerdo con su personal madurez o discernimiento; y c) se debe mantener, si es posible, el statu quo material y espiritual del menor y atender a la incidencia que toda alteración del mismo pueda tener en su personalidad y para su futuro, realizando un estudio comparativo y en ocasiones beligerante entre varios intereses en conflicto, por lo que el juez tendrá que examinar las circunstancias específicas de cada caso para poder llegar a una solución estable, justa y equitativa especialmente para el menor y sobre cualquier otro interés que se encuentre de por medio. [39]

Del mismo modo, para nuestro máximo Tribunal, el bienestar del niño debe ser la consideración primordial en la toma de decisiones relativas a éstos y por tanto se debe conceder mayor importancia cuando se encuentre en juego el bienestar de los menores, por lo cual, todos los órganos jurisdiccionales, autoridades administrativas y órganos legislativos (federales y locales) tienen la obligación de tomar en cuenta el interés superior como una consideración primordial y por tanto, deben de promover, respetar, proteger y garantizar los derechos de las personas menores de edad de conformidad con los principios de universalidad, interdependencia, indivisibilidad y progresividad, lo anterior, atendiendo igualmente a los tres elementos o dimensiones que señala la Observación general N° 14 (2013), sobre el derecho del niño y a que su interés

---

39 Véase la tesis jurisprudencial 1ª./J. 44/2014 (10ª), *Semanario Judicial de la Federación y su Gaceta,* Décima Época, registro 2006593, Libro 7, Tomo I de Junio de 2014, Pág. 270, disponible en el sitio web de la Suprema Corte de Justicia de la Nación en el link: Detalle–Tesis–2006593 (scjn.gob.mx), consultada el 26 de agosto de 2020.

superior sea una consideración primordial y por tanto, guie a los juzgadores en su aplicación práctica.[40]

De esta forma y atendiendo a lo ya referido, se puede señalar que también debe analizarse el caso particular cuando se encuentre en conflicto con los intereses de sus propios padres, ya que en caso que el interés superior del menor pueda ir en contra incluso del de sus progenitores, igualmente se deberá ponderar en el mayor beneficio del menor, nombrándosele un representante que no sea su progenitor a fin de salvaguardar sus intereses particulares y velando por su futuro.[41]

Lo antes citado, en el entendido que la obligación prioritaria del Estado será de velar por el interés superior del menor de oficio más aún en los casos en que los menores hayas sido víctimas de algún delito, según la tesis "**INTERÉS SUPERIOR DEL MENOR. AL SER UN PRINCIPIO VINCULANTE EN LA ACTIVIDAD JURISDICCIONAL, DEBEN ADOPTARSE DE OFICIO TODAS LAS MEDIDAS NECESARIAS PARA ESCLARECER LOS HECHOS QUE MOTIVARON EL PROCESO, COMO PRECISAR LAS CIRCUNSTANCIAS DE LUGAR RESPECTO AL ACONTECIMIENTO SUFRIDO POR EL MENOR VÍCTIMA DEL DELITO, LO QUE NO IMPLICA REBASAR LA ACUSACIÓN DEL MINISTERIO PÚBLICO**" valorando los Derechos contemplado en la Observación 14, es decir: "a) Como

---

40 Véase la tesis jurisprudencial: 2a./J. 113/2019 (10ª.), *Semanario Judicial de la Federación y su Gaceta,* Decima Época, registro 2020401, Libro 69, Tomo III, de Agosto de 2019, pág. 2328, disponible en el sitio web de la Suprema Corte de Justicia de la Nación en su versión en línea en el link: Detalle–Tesis–2020401 (scjn.gob.mx), consultado el 27 de agosto del 2020.

41 Véase la tesis aislada: II.3o.P.5 K (10ª.), *Semanario Judicial de la Federación y su Gaceta,* Decima Época, registro 2007385, Libro 10, septiembre de 2014, Tomo III, pág. 2450, disponible en el sitio web de la Suprema Corte de Justicia de la Nación en el link: Detalle–Tesis–2007385 (scjn.gob.mx), consultado el 26 de agosto de 2020.

derecho sustantivo, en cuanto ese interés superior sea consideración primordial y se tenga en cuenta al sopesar distintos intereses respecto a una cuestión debatida; b) Como principio jurídico interpretativo fundamental, entendido en la elección de la norma jurídica más satisfactoria y efectiva de sus derechos y libertades, cuando admite más de una interpretación; y, c) Como norma de procedimiento, en tanto deberá incluirse en el proceso de decisión una estimación de las posibles repercusiones, cuando la decisión afecte los intereses de uno o más menores de edad." [42]

Resulta claro que el término "interés superior del menor" es un concepto que no se encuentra del todo acabado, ya que como se refirió, se puede decir incluso que es un concepto dinámico que no se ha limitado y si bien es cierto comprende diversos de elementos, cuando se esté frente a una sustracción internacional, siempre hay que de tratar de proteger el llamado interés superior al hacer la restitución del menor con los medios que se encuentren a nuestro alcance, por lo cual, un medio alternativo de solución de controversias y en concreto una mediación, siempre será una buena herramienta para ello, tal y como más adelante abundaré.

En este mismo orden de ideas, es de señalarse que si bien es cierto el análisis del concepto en cuestión ha sido tratado desde diversos puntos de vista, resulta claro que es un término que no puede faltar hoy en día en ninguna de las legislaciones que vayan a la vanguardia en lo relacionado con los derechos a la protección de los menores, para lo cual es preciso conocer los orígenes del referido término el cual forma parte de diversos tratados internacionales.

---

42 Véase la tesis aislada: XVII.1o.P.A.88 P (10ª.), *Semanario Judicial de la Federación y su Gaceta*, Décima Época, Libro 66, Mayo de 2019, Tomo III, página 2617, disponible en el sitio web de la Suprema Corte de Justicia de la Nación en el link: Detalle–Tesis–2019948 (scjn.gob.mx), consultada el 08 de julio de 2021.

Es de resaltarse también que aún y cuando los convenios ya referidos, sirvieron como base para el actual marco jurídico, en muchos casos no se contempla una definición homogénea del concepto interés superior tal y como vamos a analizar, por lo que hay que abundar en el marco jurídico internacional y señalar el nacional para mejor comprensión del tema de los derechos del niño y el llamado interés superior, el cual es el sustento insistimos, de la restitución internacional de menores.

1.3. MARCO JURÍDICO

Para una mejor comprensión del presente, iniciaré con el análisis del marco jurídico internacional y posteriormente me referiré al nacional.

1.3.1 Marco Jurídico Internacional

La Convención de los Derechos del Niño, adoptada por la Asamblea General de Naciones Unidas, el 20 de noviembre de 1989, es el primer instrumento jurídico en donde se contempló por primera vez el concepto de interés superior del menor, sin embargo, fue hasta el año 2011 cuando se incorporó el término "principio del interés superior del menor" en nuestra Constitución Política en el artículo cuarto, tal y como más adelante se analizará.

Esta Convención, es el tratado de derechos humanos más ratificado en la historia de todos los convenios internacionales, sustentado en la idea que los niños son de los grupos más vulnerables y por tanto, requieren mayor protección y para América Latina, constituyó un cambio radical desde el punto de vista jurídico tanto político, como histórico y cultural, modificando los anteriores esquemas de entendimiento de protección de los derechos de los niños conocido como el modelo tutelar, filantrópico, de la situación irregular o asistencialista la cual cambió en términos de ciudadanía y de derechos para los más jóvenes.[43]

Así las cosas, la Convención de los Derechos del Niño citada y que actualmente se encuentra vigente, cuenta con 54 artículos bajo los cuales se destacan los derechos de los menores y si bien es cierto, se puede afirmar que ningún numeral es más importante que otro, para efectos de la sustracción internacional, hay que destacar los siguientes:

> Artículo 1
>
> Para los efectos de la presente Convención, se entiende por niño todo ser humano menor de dieciocho años de edad, salvo que, en virtud de la ley que le sea aplicable, haya alcanzado antes la mayoría de edad.
>
> Artículo 3
>
> 1. En todas las medidas concernientes a los niños que tomen las instituciones públicas o privadas de bienestar social, los tribunales, las autoridades administrativas o los órganos legislativos, una consideración primordial a que se atenderá será el interés superior del niño. (...)
>
> Este artículo establece que toda decisión tomada por cualquier autoridad en donde se involucren niños deberá ser privilegiado el interés superior del niño, es decir, deberá resguardar el bienestar y sano desarrollo éste.

---

43 Cfr. Beloff, Mary, "*Protección Integral de los Derechos del Niño vs Derechos en situación irregular*", en Gutiérrez Contreras, Juan Carlos, (Coord.), "*Memorias del Seminario Los Derechos Humanos de los Niños, Niñas y Adolescentes*", México: Secretaría de Relaciones Exteriores, Programa de Cooperación sobre Derechos Humanos en México, 2006, págs. 1-6, disponible en su versión en línea en el link: Memorias del Seminario Los Derechos Humanos de los Niños, Niñas y Adolescentes (unam.mx), consulado el 25 de julio de 2021.

Artículo 9

1.- Los Estados Partes velarán por que el niño no sea separado de sus padres contra la voluntad de éstos, excepto cuando, a reserva de revisión judicial, las autoridades competentes determinen, de conformidad con la ley y los procedimientos aplicables, que tal separación es necesaria en el interés superior del niño. Tal determinación puede ser necesaria en casos particulares, por ejemplo, en los casos en que el niño sea objeto de maltrato o descuido por parte de sus padres o cuando éstos viven separados y debe adoptarse una decisión acerca del lugar de residencia del niño.

(...)

3. Los Estados Partes respetarán el derecho del niño que esté separado de uno o de ambos padres a mantener relaciones personales y contacto directo con ambos padres de modo regular, salvo si ello es contrario al interés superior del niño. (...)

Esta disposición es de suma importancia para el tema que nos ocupa, toda vez que, en él salvaguarda las relaciones familiares, en este caso únicamente la convivencia del niño o niña con los progenitores. Dicha convivencia será vulnerada solamente cuando se ponga en peligro al menor.

Artículo 18

1. Los Estados Partes pondrán el máximo empeño en garantizar el reconocimiento del principio de que ambos padres tienen obligaciones comunes en lo que respecta a la crianza y el desarrollo del niño. Incumbirá a los padres o, en su caso, a los representantes legales la responsabilidad primordial de la crianza y el desarrollo del niño. Su preocupación fundamental será el interés superior del niño. (...)

El principal objetivo de este numeral es proteger el derecho del sano desarrollo del niño, mismo que deberá ser garantizado por los progenitores o en su caso de las personas que tengan la guarda y custodia de éste.

Artículo 37

Los Estados Partes velarán porque:

(...)

c) Todo niño privado de libertad sea tratado con la humanidad y el respeto que merece la dignidad inherente a la persona humana, y de manera que se tengan en cuenta las necesidades de las personas de su edad. En particular, todo niño privado de libertad estará separado de los adultos, a menos que ello se considere contrario al interés superior del niño, y tendrá derecho a mantener contacto con su familia por medio de correspondencia y de visitas, salvo en circunstancias excepcionales;

(...)

Este artículo protege los derechos el infante durante la privación de la libertad ya que protege la convivencia del niño con la familia, siempre y cuando no se vulnere el interés superior del niño.

En cuanto a la legislación Nacional este principio se encuentra contemplado en el artículo 4° de la Constitución Política de los Estados Unidos Mexicanos, que establece lo siguiente:

Artículo 4o. El varón y la mujer son iguales ante la ley. Esta protegerá la organización y el desarrollo de la familia.

(...)

En todas las decisiones y actuaciones del Estado se velará y cumplirá con el principio del interés superior de la niñez, garantizando de manera plena sus derechos. Los niños y las niñas tienen derecho a la satisfacción de sus necesidades de alimentación, salud, educación y sano esparcimiento para su desarrollo integral. Este principio deberá guiar el diseño, ejecución, seguimiento y evaluación de las políticas públicas dirigidas a la niñez.

(...) [44]

---

[44] Véase la Convención sobre los Derechos del Niño integra en el sitio web del Fondo de las Naciones Unidas para la infancia, disponible en el link: Texto de la Convención sobre los Derechos del Niño | UNICEF, consultado el día 26 de junio de 2020.

1.3.2 Marco Jurídico Nacional

En cuanto a la normatividad Federal, se tiene la Ley General de los Niños, Niñas y Adolescentes[45], publicada el 4 de diciembre de 2014, la cual cuenta con 154 artículos tendientes a la protección de los niños, niñas y adolescentes, destacando los artículos 2, 3, 4, 5, 18, 19, 22, 23, 24, 26, 27, 30, 30 bis 1, 30 bis 2, 30 bis 9, 31, 33, 42, 50, 68, 76, 77, 81, 83, 86, 89, 90, 92, 93, 95, 97, 106, 109, 114, 116 y 123 que de manera expresa mencionan el término "interés superior del menor" o "interés superior de la niñez" de manera indistinta, sin embargo, en ninguno de sus artículos define lo que es el mismo.

Igualmente, llama la atención lo mencionado en los artículos segundo, tercero y décimo octavo, que refieren de manera expresa que el interés superior de la niñez estará por encima de cualquier otro en la toma de las decisiones, tal y como se señala:

> *Artículo 2. Para garantizar la protección de los derechos de niñas, niños y adolescentes, las autoridades realizarán las acciones y tomarán medidas, de conformidad con los principios establecidos en la presente Ley. Para tal efecto, deberán:*
>
> *I. Garantizar un enfoque integral, transversal y con perspectiva de derechos humanos en el diseño y la instrumentación de políticas y programas de gobierno;*
>
> *II. Promover la participación, tomar en cuenta la opinión y considerar los aspectos culturales, éticos, afectivos, educativos y de salud de niñas, niños y adolescentes, en todos aquellos asuntos de su incumbencia, de acuerdo a su edad, desarrollo evolutivo, cognoscitivo y madurez, y*
>
> *III. Establecer mecanismos transparentes de seguimiento y evaluación de la implementación de políticas, programas gubernamentales, legislación y compromisos derivados de tratados internacionales en la materia.*

---

45 Véase la Ley en el sitio web de la cámara de diputados, en el link: http://www.diputados.gob.mx/LeyesBiblio/pdf/LGDNNA_171019.pdf, consultado el 25 de agosto del 2020.

> *El interés superior de la niñez deberá ser considerado de manera primordial en la toma de decisiones sobre una cuestión debatida que involucre niñas, niños y adolescentes. Cuando se presenten diferentes interpretaciones, se atenderá a lo establecido en la Constitución y en los tratados internacionales de que México forma parte.*
>
> *Cuando se tome una decisión que afecte a niñas, niños o adolescentes, en lo individual o colectivo, se deberán evaluar y ponderar las posibles repercusiones a fin de salvaguardar su interés superior y sus garantías procesales.*
>
> *Las autoridades de la Federación, de las entidades federativas, de los municipios y de las demarcaciones territoriales de la Ciudad de México, en el ámbito de sus competencias, deberán incorporar en sus proyectos de presupuesto la asignación de recursos que permitan dar cumplimiento a las acciones establecidas por la presente Ley.*
>
> *Artículo 3. La Federación, las entidades federativas, los municipios y las demarcaciones territoriales de la Ciudad de México, en el ámbito de sus respectivas competencias, concurrirán en el cumplimiento del objeto de esta Ley, para el diseño, ejecución, seguimiento y evaluación de políticas públicas en materia de ejercicio, respeto, protección y promoción de los derechos de niñas, niños y adolescentes, así como para garantizar su máximo bienestar posible privilegiando su interés superior a través de medidas estructurales, legales, administrativas y presupuestales.*
>
> *Artículo 18. En todas las medidas concernientes a niñas, niños y adolescentes que tomen los órganos jurisdiccionales, autoridades administrativas y órganos legislativos, se tomará en cuenta, como consideración primordial, el interés superior de la niñez. Dichas autoridades elaborarán los mecanismos necesarios para garantizar este principio.*

Así mismo, en lo relativo al derecho de los niños, niñas y adolescentes en el tema de sustracción de menores y al mantenimiento de su status de familia, con el progenitor que tiene la guarda y custodia, resaltan los artículos vigésimo segundo, vigésimo tercero y vigésimo cuarto que señalan:

Artículo 22. Niñas, niños y adolescentes tienen derecho a vivir en familia. La falta de recursos no podrá considerarse motivo suficiente para separarlos de su familia de origen o de los familiares con los que convivan, ni causa para la pérdida de la patria potestad.

Niñas, niños y adolescentes no podrán ser separados de las personas que ejerzan la patria potestad o de sus tutores y, en términos de las disposiciones aplicables, de las personas que los tengan bajo su guarda y custodia, salvo que medie orden de autoridad competente, en la que se determine la procedencia de la separación, en cumplimiento a la preservación del interés superior de la niñez, de conformidad con las causas previstas en las leyes y mediante el debido proceso en el que se garantice el derecho de audiencia de todas las partes involucradas. En todos los casos, se tendrá en cuenta la opinión de niñas, niños y adolescentes conforme a su edad, desarrollo evolutivo, cognoscitivo y madurez.

Los casos en que las personas que ejerzan la patria potestad, por extrema pobreza o por necesidad de ganarse el sustento lejos del lugar de residencia, tengan dificultades para atender a niñas, niños y adolescentes de manera permanente, no serán considerados como supuestos de exposición o estado de abandono, siempre que los mantengan al cuidado de otras personas, libres de violencia y provean su subsistencia.

Las autoridades federales, de las entidades federativas y municipales, en el ámbito de sus respectivas competencias, establecerán políticas de fortalecimiento familiar para evitar la separación de niñas, niños y adolescentes de su entorno familiar y para que, en su caso, sean atendidos a través de las medidas especiales de protección que dispone el artículo 26.

Artículo 23. Niñas, niños y adolescentes cuyas familias estén separadas, tendrán derecho a convivir o mantener relaciones personales y contacto directo con sus familiares de modo regular, excepto en los casos en que el órgano jurisdiccional competente determine que ello es contrario al interés superior de la niñez, sin perjuicio de las medidas cautelares y de protección que se dicten por las autoridades competentes en los procedimientos respectivos, en los que se deberá garantizar el derecho de audiencia de todas las partes involucradas, en especial de niñas, niños y adolescentes.

> *Asimismo, niñas, niños y adolescentes tienen derecho a convivir con sus familiares cuando éstos se encuentren privados de su libertad. Las autoridades competentes en materia jurisdiccional y penitenciaria deberán garantizar este derecho y establecer las condiciones necesarias para que esta convivencia se realice en forma adecuada, conforme a las disposiciones aplicables. Este derecho sólo podrá ser restringido por resolución del órgano jurisdiccional competente, siempre y cuando no sea contrario a su interés superior.*

De igual manera, la Ley Nacional del Sistema Integral de Justicia Penal para los Adolescentes publicada el 16 de junio del 2016, refiere el concepto de interés superior de la niñez, definiéndolo como:

> *Artículo 12. Interés superior de la niñez.*
>
> *Para efectos de esta Ley el interés superior de la niñez debe entenderse como derecho, principio y norma de procedimiento dirigido a asegurar el disfrute pleno y efectivo de todos sus derechos, en concordancia con la Ley General de los Derechos de Niñas, Niños y Adolescentes.* [46]

Respecto a la legislación local, se puede mencionar que el concepto en cita se encuentra plasmado en los diversos Códigos y leyes locales, sin embargo, me enfocaré a lo referido por los artículos 336, 380, 402, 414 bis fracción IV, 416 segundo párrafo, 416 ter y 494-B, todos del Código Civil para el Distrito Federal (ahora Ciudad de México) y que tienen como objetivo salvaguardar los derechos del menor (niños, niñas y adolescentes) en las decisiones que tome el juzgador señalando de manera expresa:

> *Artículo 336.- En el juicio de impugnación de la paternidad o la maternidad, serán oídos, según el caso, el padre, la madre y el hijo, a quien, si fuere menor, se le proveerá de un tutor*

---

46 Véase la ley en cita en el sitio web de la Cámara de Diputados del H. Congreso de la Unión, en el link: http://www.diputados.gob.mx/LeyesBiblio/pdf/LNSIJPA.pdf, consultado el 25 de agosto de 2020.

interino, y en todo caso el Juez de lo Familiar atenderá el interés superior del menor.

Artículo 380.- Cuando el padre y la madre que no vivan juntos reconozcan a un hijo en el mismo acto, convendrán cuál de los dos ejercerá su guarda y custodia; y si no lo hicieren, el Juez de lo Familiar, oyendo al padre, madre y al menor, resolverá lo más conveniente atendiendo siempre el interés superior del menor.

Artículo 402. La falta de consentimiento del Tutor o Ministerio Público deberá sustentarse en un razonamiento claro de las causas por las que no se otorga. Cuando éstos dos, no consientan la adopción, podrá suplir el consentimiento el Juez competente preponderando en todo momento el interés superior del menor.

Artículo 414 Bis.- Quienes ejercen la patria potestad o la guarda y custodia provisional o definitiva de un menor, independientemente de que vivan o no en el mismo domicilio, deben dar cumplimiento a las siguientes obligaciones de crianza:

(…)

IV.- Determinar límites y normas de conducta preservando el interés superior del menor.

(…)

Artículo 416.- En caso de separación de quienes ejercen la patria potestad, ambos deberán continuar con el cumplimiento de sus obligaciones y podrán convenir los términos de su ejercicio, particularmente en lo relativo a la guarda y custodia de los menores. En caso de desacuerdo, el Juez de lo Familiar resolverá lo conducente, previo el procedimiento que fija el Título Décimo Sexto del Código de Procedimientos Civiles.

Con base en el interés superior del menor, éste quedará bajos los cuidados y atenciones de uno de ellos. El otro estará obligado a colaborar en su alimentación y crianza conservando el derecho de convivencia con el menor, conforme a las modalidades previstas en el convenio o resolución judicial.

> *Artículo 416 Ter.- Para los efectos del presente Código se entenderá como interés superior del menor la prioridad que ha de otorgarse a los derechos de las niñas y los niños respecto de los derechos de cualquier otra persona, con el fin de garantizar, entre otros, los siguientes aspectos:*
>
> *I.- El acceso a la salud física y mental, alimentación y educación que fomente su desarrollo personal;*
>
> *II.- El establecimiento de un ambiente de respeto, aceptación y afecto, libre de cualquier tipo de violencia familiar;*
>
> *III.- El desarrollo de la estructura de personalidad, con una adecuada autoestima, libre de sobreprotección y excesos punitivos;*
>
> *IV.- Al fomento de la responsabilidad personal y social, así como a la toma de decisiones del menor de acuerdo a su edad y madurez psicoemocional; y*
>
> *V.- Los demás derechos que a favor de las niñas y los niños reconozcan otras leyes y tratados aplicables.*
>
> *Artículo 494-B.- El Sistema para el Desarrollo Integral de la Familia del Distrito Federal, para efecto de lo dispuesto en el artículo anterior contará con un Comité Técnico interinstitucional e interdisciplinario como órgano de apoyo cuyo objeto será vigilar y garantizar el estricto respeto a los derechos fundamentales de las niñas y los niños con base en el interés superior del menor, adoptando las medidas necesarias de protección para su cuidado y atención.* [47]

De lo antes enunciado, es claro que en todos y cada uno de los artículos que refieren el interés superior del menor, siempre existe una problemática o disputa de los progenitores y en su caso, es la decisión de la autoridad, la que impactará de manera directa en los niños, niñas y adolescentes, por lo cual, siempre se velará por el interés de éstos, con independencia

---

[47] Cfr. Código Civil para el Distrito Federal en su versión en línea en el sitio web, disponible en: https://www.congresocdmx.gob.mx/media/documentos/50289a13825049361bb4abc0298d1374beed4009.pdf, consultado el 28 de junio de 2020.

de la problemática de los padres, tutores o quienes ejerzan la patria potestad o incluso representación de éstos, por lo cual y con independencia del tipo de juicio, disputa o conflicto inherente a los progenitores, la finalidad siempre será el bienestar de los niños, niñas o adolescentes a toda costa, incluso por encima del de los propios progenitores.

Por su parte, la Ley de los Derechos de Niñas, Niños y Adolescentes de la Ciudad de México, publicada el 12 de noviembre del 2015, menciona entre su articulado diversas disposiciones inherentes al interés superior, sin embargo, dentro de los primeros 8 artículos se encuentra plasmado tanto su concepto como la protección al referido concepto al señalar:

> *Artículo 3. Las políticas públicas que implementen las autoridades de la Ciudad de México, en el ámbito de sus respectivas competencias, deben garantizar el ejercicio, respeto, protección, promoción y reparación de los derechos humanos de niñas, niños y adolescentes privilegiando su interés superior.*
>
> *A través de la adopción de las medidas estructurales, legales, administrativas y presupuestales conducentes, dichas autoridades deben buscar contribuir al desarrollo integral de niñas, niños y adolescentes.*
>
> *Los sectores social y privado, concurrirán con las autoridades locales en el cumplimiento del objeto de esta Ley, para el diseño, ejecución, seguimiento y evaluación de políticas públicas.*
>
> *Artículo 4. Para los efectos de esta Ley, se entenderá por:*
>
> *(…)*
>
> *XX. Interés superior: Interés superior de la niña, el niño, la o el adolescente.*
>
> *(…)*
>
> *XXIV. Medidas de protección especial: Conjunto de acciones, programas y actividades institucionales orientadas a reconocer, proteger, garantizar y resguardar los derechos humanos de las niñas, niños y adolescentes conforme a su Interés superior, dirigidas a la prevención, atención, asistencia,*

restitución y reparación, con la finalidad de salvaguardar el goce y ejercicio de sus derechos;

(…)

Artículo 5. Niñas, niños y adolescentes gozarán de los derechos que reconoce esta Ley, sin detrimento de los derechos, responsabilidades y obligaciones de los padres y/o tutores que para ellos contiene la Convención sobre los Derechos del Niño, la Ley de los Derechos de las Niñas y los Niños en el Distrito Federal, y demás disposiciones jurídicas aplicables, por lo que se reconoce la obligación que tienen las autoridades del Distrito Federal de promover, respetar, proteger y garantizar sus derechos, atendiendo a los principios pro persona, interés superior del niño y de autonomía progresiva en el ejercicio de los mismos, tomándose en cuenta el grado de desarrollo cognoscitivo y evolutivo de sus facultades.

(…)

Artículo 6. Son principios rectores de esta ley:

I. El interés superior;

(…)

Artículo 7. El interés superior de la niña, niño y adolescente, es el derecho sustantivo que exige adoptar un enfoque proactivo basado en los derechos humanos, en el que colaboren todos los responsables de garantizar el bienestar, físico, psicológico, cultural y espiritual de manera integral de niñas, niños y adolescentes, así como reconocer su dignidad humana. Asimismo, debe ser considerado como principio interpretativo fundamental y como una norma de procedimiento siempre que se tenga que tomar una decisión que afecte a una niña, niño o adolescente en concreto.

El interés superior es el principio que debe regir todo acto de autoridad para garantizar el ejercicio de los derechos humanos a niñas, niños y adolescentes. Por lo tanto, toda autoridad de la Ciudad de México, en el ejercicio de sus funciones, debe sustentar toda su actuación en este principio comenzando con mecanismos efectivos de escucha de niñas, niños y adolescentes.

Toda persona e institución, de manera conjunta con las autoridades, en la Ciudad de México, debe actuar en observancia a este principio.

> *Artículo 8. Toda autoridad en la Ciudad de México, por el principio del interés superior, debe en todo caso, resolver en favor de los derechos humanos de niñas, niños y adolescentes, respecto de cualquier otro derecho en conflicto.*[48]

Vale la pena resaltar que no son las únicas disposiciones que refieren al concepto de interés superior, pero para cuestiones conceptuales son las más ejemplificativas, ya que las demás refieren a la protección de otros derechos, pero siempre atendiendo al interés superior del menor.

Del mismo modo, se puede señalar la Ley de Cuidados Alternativos para niñas, niños y adolescentes en el Distrito Federal, la cual también cuenta con diversas disposiciones, mismas que todas ellas son tendientes a garantizar el interés superior de los menores, aunque no definen al concepto como tal.[49]

Así mismo, es de resaltar que todas las disposiciones anteriores se relacionan de manera directa con el artículo 3° de la Convención de los Derechos del Niño, las cuales disponen que las decisiones que tomen los tribunales respecto a niños, niñas, adolescentes y jóvenes, garantizarán la protección del interés superior con los artículos 3°, 4°, 18° y 73° de la Constitución Política de los Estados Unidos Mexicanos al referir:

> *Artículo 3o. Toda persona tiene derecho a la educación. El Estado -Federación, Estados, Ciudad de México y Municipios-*

---

48 Véase la ley citada en su versión en línea en el link: http://aldf.gob.mx/archivo-df57bb45d54d8838f567b917c3c9b26a.pdf, consultado el 25 de agosto del 2020.

49 Véase la ley en su versión en línea en el portal web de la Consejería Jurídica para la Ciudad de México, en el link: http://www.rc.df.gob.mx/index.php/articulo-leyes-y-reglamentos/27-leyes/986-ley-de-cuidados-alternativos-para-ninas-ninos-y-adolescentes-en-el-distrito-federal#ley-de-cuidados-alternativos-para-ni%C3%B1as-ni%C3%B1os-y-adolescentes-en-el-distrito-federal, consultado el 25 de agosto de 2020.

impartirá y garantizará la educación inicial, preescolar, primaria, secundaria, media superior y superior. La educación inicial, preescolar, primaria y secundaria, conforman la educación básica; ésta y la media superior serán obligatorias, la educación superior lo será en términos de la fracción X del presente artículo. La educación inicial es un derecho de la niñez y será responsabilidad del Estado concientizar sobre su importancia.

Corresponde al Estado la rectoría de la educación, la impartida por éste, además de obligatoria, será universal, inclusiva, pública, gratuita y laica.

La educación se basará en el respeto irrestricto de la dignidad de las personas, con un enfoque de derechos humanos y de igualdad sustantiva. Tenderá a desarrollar armónicamente todas las facultades del ser humano y fomentará en él, a la vez, el amor a la Patria, el respeto a todos los derechos, las libertades, la cultura de paz y la conciencia de la solidaridad internacional, en la independencia y en la justicia; promoverá la honestidad, los valores y la mejora continua del proceso de enseñanza aprendizaje.

El Estado priorizará el interés superior de niñas, niños, adolescentes y jóvenes en el acceso, permanencia y participación en los servicios educativos.

(...)

Artículo 4o.- La mujer y el hombre son iguales ante la ley. Ésta protegerá la organización y el desarrollo de la familia.

(...)

Toda familia tiene derecho a disfrutar de vivienda digna y decorosa. La Ley establecerá los instrumentos y apoyos necesarios a fin de alcanzar tal objetivo.

Toda persona tiene derecho a la identidad y a ser registrado de manera inmediata a su nacimiento. El Estado garantizará el cumplimiento de estos derechos. La autoridad competente expedirá gratuitamente la primera copia certificada del acta de registro de nacimiento.

En todas las decisiones y actuaciones del Estado se velará y cumplirá con el principio del interés superior de la niñez, garantizando de manera plena sus derechos. Los niños y las niñas tienen derecho a la satisfacción de sus necesidades de alimentación, salud, educación y sano esparcimiento para su desarrollo integral.

Este principio deberá guiar el diseño, ejecución, seguimiento y evaluación de las políticas públicas dirigidas a la niñez.

Los ascendientes, tutores y custodios tienen la obligación de preservar y exigir el cumplimiento de estos derechos y principios.

El Estado otorgará facilidades a los particulares para que coadyuven al cumplimiento de los derechos de la niñez.

(...)

Artículo 18. Sólo por delito que merezca pena privativa de libertad habrá lugar a prisión preventiva. El sitio de ésta será distinto del que se destinare para la extinción de las penas y estarán completamente separados.

(…)

La operación del sistema en cada orden de gobierno estará a cargo de instituciones, tribunales y autoridades especializados en la procuración e impartición de justicia para adolescentes. Se podrán aplicar las medidas de orientación, protección y tratamiento que amerite cada caso, atendiendo a la protección integral y el interés superior del adolescente.

(…)

Artículo 73. El Congreso tiene facultad:

(…)

XXIX-P. Expedir leyes que establezcan la concurrencia de la Federación, las entidades federativas, los Municipios y, en su caso, las demarcaciones territoriales de la Ciudad de México, en el ámbito de sus respectivas competencias, en materia de derechos de niñas, niños y adolescentes, velando en todo momento por el interés superior de los mismos y cumpliendo con los tratados internacionales de la materia de los que México sea parte;

(…)[50]

50 Véase el artículo en cita en su versión en línea en el sitio web de la Cámara de Diputados del H. Congreso de la Unión, disponible en el link: http://www.diputados.gob.mx/LeyesBiblio/pdf/1_080520.pdf, consultado el 25 de agosto de 2020.

De los ordenamientos antes citados, se aprecia claramente que si bien es cierto todos hacen referencia al término de "interés superior", ninguno de ellos es capaz de definirlo, hecho por el cual para comprenderlo hay que remitirse a la Observación No. 14 ya citada anteriormente, o a los criterios emitidos por la Suprema Corte de Justicia de la Nación en el caso de nuestro país, lo que ha ocasionado como mencionamos, que los aplicadores aún y cuando tengan la encomienda de siempre velar por el referido "interés superior" de cualquier menor, muchas veces ni conozcan ni el significado del concepto, ni los elementos del mismo y por tanto, tampoco conocen en que consiste la protección integral sus derechos, lo que incluso deriva en que consideren que es un término que si bien es cierto es abstracto, no tiene límites, hecho que en mi opinión es equivocado.

Así las cosas y como se ha analizado, todos los ordenamiento en cita refieren el concepto de "interés superior", sin embargo, ninguno de ellos refiere como se puede alcanzar o proteger de mejor manera, por lo cual y tomando en cuenta que los mismos mencionan que se deben de realizar todas las gestiones para alcanzarlo, resulta claro que entre más amigablemente se puedan resolver los conflictos entre las partes, es que se alcanzará el objetivo de proteger el interés superior del menor, por lo que la mediación como medio alternativo de solución de controversias, puede ser un mecanismo ideal para ello según se verá más adelante.

De esta forma, es que es importante conocer en que consiste la protección integral de los derechos del niño y que es la base de las Convenciones ya citadas.

1.4. LA DOCTRINA SOBRE LA PROTECCIÓN INTEGRAL DEL NIÑO

La protección integral de los derechos del niño, tiene su sustento en la Convención Internacional de los Derechos del Niño, misma que generó un cambio en la concepción de entender los derechos de los niños toda vez que previo a la misma, se interpretaba a la misma de manera asistencialista y tutelar para posteriormente generar una visión más integral y plena, tal y como se explicará a continuación.

No se debe olvidar que este pensamiento tiene su origen desde los inicios de la historia en donde los pueblos y las sociedades enfrentaron continuos obstáculos, mismos que a la fecha han continuado con la violación de los derechos humanos. En este tenor, el pensamiento en cuestión se ha caracterizado por el permanente intento por reprimir las necesidades reales y las potencialidades existentes de las personas, de los grupos humanos, de los pueblos, lo que poco a poco ha evolucionado hasta su reciente desarrollo en donde la concepción de la justicia de los derechos humanos se autonomiza de la concepción jus naturalista y encuentra una nueva fundamentación en el concepto de necesidad, concepto que difiere de la naturaleza ontológica y que más bien tiene que ver con una dimensión histórico-social.

En esta nueva concepción, esa justicia y los derechos humanos adquieren un contenido dinámico y evolutivo que requiere de una interpretación de las necesidades del hombre y de los grupos humanos como posibilidades. La definición del saber jurídico de la justicia de los derechos humanos ya no deriva de lo que es necesario por naturaleza o por la naturaleza del hombre en sí, sino de las necesidades del hombre y de los grupos humanos que se pueden considerar como realizables en relación con el grado de desarrollo de las distintas sociedades o a nivel mundial. La afirmación de la justicia y de los derechos humanos en esta perspectiva histórico-social implica rescatar aquella potencialidad frente a su negación represiva, o sea frente a la imposición.[51]

En primer lugar, hay que tomar en consideración que previo a la Convención sobre los Derechos del Niño, la concepción del menor y sus derechos estaban bajo el concepto de tutela y protección segregativa, por lo cual la principal transformación se dio en la consideración de niños y jóvenes como sujetos plenos de derecho,[52] esto es, en la forma de entender los conceptos en primer término por parte de los Estados.

De igual manera, es de destacar que especialmente este olvido en América Latina, tiene su devenir en el hecho que durante siglos la ciudadanía fue entendida como el privilegio de los colonizadores y la subjetividad jurídica que fue negada a los grupos étnicos originales por ser precisamente originarios, lo que arrojaba que se entendieran como incapaces, como si fuesen "niños" o salvajes. En este sentido, toda la teoría del derecho y del Estado moderno surge y evoluciona con esta distinción fundamental (pero implícita) entre, que es discriminatoria, por un lado, los hombres adultos (el modelo fue el propietario, blanco y macho) y, por otro, los animales, las mujeres y los niños.[53]

---

51 Baratta, Alessandro, "*Democracia y Derechos del niño*", en Justicia de Derechos del Niño, número 9, Fondo de las Naciones Unidas para la Infancia (UNICEF), Chile 2007, págs. 17-20, disponible en *justcia_y_derechos_9.pdf (unicef.cl), consultado el 25 de julio del 2021.

52 Hay que recordar que antiguamente el término menor era considerado como no sujetos de derecho, como inimputables, definido como los que no sabían lo que hacían, ni lo que tenían y no eran capaces de hacer. Para más información véase Beloff, Mary, "*No hay menores de la calle*", en No Hay Derecho, Buenos Aires, núm. 6, junio de 1992, págs. 36 y 37, disponible en: No Hay Derecho N° 6 – Ahira, consultado el 26 de julio de 2021.

53 Baratta, Alessandro, *Ibidem*, págs. 9-10.

De igual manera, para entender la evolución en cita y su actual entendimiento, en primer término, se deben entender las principales distinciones del concepto que nos ocupa, siendo por una parte el de menor y por otra parte el de niño, por lo cual me referiré a los que señala la Real Academia Española de la Lengua al definirlos.

Menor[54]

Del lat. *minor, -ōris.*

1. *adj. Que es inferior a otra cosa en cantidad, intensidad o calidad.*

2. *adj. Menos importante con relación a algo del mismo género. Las obras menores de Quevedo.*

3. *adj. Dicho de una persona: Que tiene menos edad que otra.*

4. *adj. menor de edad. U. t. c. s.*

(...)

Niño[55]

niño, ña

De la voz infantil ninno.

1. *adj. Que está en la niñez. U. t. c. s.*

2. *adj. Que tiene pocos años. U. t. c. s.*

3. *adj. Que tiene poca experiencia. U. t. c. s.*

4. *adj. afect. Dicho de una persona que no es un niño:* *Que obra con poca reflexión o con ingenuidad. U. t. c. s.*

---

54 Real Academia Española de la Lengua, *Diccionario de la Lengua Española*, Barcelona, España, 2020, disponible en su versión en línea en: menor | Definición | Diccionario de la lengua española | RAE–ASALE, consultado el 30 de julio de 2021.

55 *Ibidem*, disponible en su versión en línea en: niño, niña | Definición | Diccionario de la lengua española | RAE–ASALE, consultado el 30 de julio de 2021.

5. *m. y f. U. para dirigirse a una persona que ha pasado de la niñez. U. m. en vocat.*

De esta forma, resulta claro que el término "menor", se entiende como algo de inferior calidad o características, en contraposición con el de niño(a) que no lo limita más que en razón de su experiencia o reflexión, y por lo cual el primer concepto fue considerado como algo que no requería tener mayores derechos que los necesarios en determinados casos, lo cual fue la base para un sistema que poco a poco se fue degradando en el aspecto normativo en cuanto a su aplicación al menos en Latinoamérica como ya se ha referido.

En este orden de ideas, para la autora Mary Beloff, la ratificación de la Convención de los Derechos del Niño, en sus inicios trajo en los países de Latinoamérica diversas consecuencia y tres supuestos en particular, el primero de ellos en donde la ratificación de mismo no produjo ningún cambio, o en su caso fue meramente retórico o superficial ya que solamente se vio reflejado en lo político en donde los países participaron en la primer Cumbre Mundial de la Infancia, tal y como sucedió en países como México[56], Argentina, Chile o Uruguay; el segundo grupo, aquellos que introdujeron reformas a sus leyes y eventualmente en sus instituciones, pero únicamente operaban de manera formal o eufemística ya que se mantuvo la misma concepción de los términos, lo cual reflejaba contradicciones entre la parte normativa y en la forma de entender los conceptos señalados en la propia convención, más aún cuando existían contradicciones entre los propios términos como

---

56 En el caso de nuestro país se puede entender lo ya citado cuando se refiere al aspecto normativo y práctico de entendimiento de conceptos básicos como lo es precisamente el de interés superior de la niñez y la evolución de los propios Derechos Humanos desde la reforma del 2011, mediante la cual busca en la actualidad situarse en el tercer grupo.

menor y adolescente; y por último aquellos países en los que se han realizado o se encuentran en proceso de realizar adecuaciones sustanciales en su orden jurídico interno como es el ejemplo de Paraguay, Salvador, Costa Rica, Panamá, Nicaragua y Venezuela. [57]

No hay que olvidar que previo a la Convención de los Derechos del Niño, los derechos de éstos eran simples enunciados, los niños y jóvenes eran como objetos de protección, no reconocidos como sujetos de derecho sino como incapaces que requieren un abordaje especial, por lo cual las leyes no eran para toda la infancia y la adolescencia, sino sólo para una parte del universo de la infancia y la adolescencia, para los llamados "menores"[58], lo que cambio posterior a la misma en donde ya debían considerarse a los "menores", como sujetos plenos de protección y como titulares de todos sus derechos, más los inherentes a su propia edad y condiciones específicas, por lo cual no debe en la actualidad existir limitación alguna independiente de su edad,[59] debiendo ser ahora los propios adultos quienes deben de proteger los mismos realizando los arreglos

57 Para más información véase Beloff, Mary, "*Protección Integral de los Derechos del Niño vs Derechos en situación irregular*", en Gutiérrez Contreras, Juan Carlos, (Coord.), "*Memorias del Seminario Los Derechos Humanos de los Niños, Niñas y Adolescentes*", México: Secretaría de Relaciones Exteriores, Programa de Cooperación sobre Derechos Humanos en México, 2006, págs. 88-91, disponible en su versión en línea en el link: Memorias del Seminario Los Derechos Humanos de los Niños, Niñas y Adolescentes (unam.mx), consulado el 25 de julio de 2021.

58 Beloff, Mary, "*Protección Integral de los Derechos del Niño y de la Situación Irregular; un Modelo para Armar y otro para Desarmar*", en *Justicia y Derechos del Niño,* Núm. 1, Fondo de las Naciones unidas para la infancia (UNICEF), Chile noviembre del 1999, pág. 10, disponible en Justicia y derechos 1.pdf (unicef.cl), consultado el 26 de julio de 2021.

59 Los propios artículos 9, 12 y 14 de la Convención hace referencia el derecho a que la opinión del menor sea tomada en cuenta en la

institucionales y gestiones necesarias para su protección y no solo el Estado de manera paternalista en solo algunos casos.[60]

De esta forma, la cultura proteccionista consistía básicamente en un aspecto asistencial en donde el propio Estado tenía que proteger mediante determinadas instituciones los derechos de los menores, que se encontraban fuera del aspecto familiar-educativo, mismos que estaban limitados por su propia edad, madurez o condición, hecho que por sí misma ya era violatoria de Derechos Humanos toda vez que no consideraban al menor como sujeto pleno de dichos derechos.[61]

Así las cosas, la evolución del sistema de protección integral consiste justamente en comprender que los menores no son seres incapaces o limitados en cuanto a sus derechos que requieren atención especial, ya que son carentes de su propio criterio y voz y por tanto, el Estado simplemente debe de garantizar los derechos de éstos. En este sentido, la propia actividad judicial o administrativa y del Estado es limitada por la mayoría de edad por lo cual, dichos menores se encuentran en una "situación irregular" o "tutelar", caracterizándose la actividad Estatal en la centralización del

---

medida de su propia evolución y madurez, lo cual hace referencia a tal limitación por el simple hecho de ser menor.

60 Para más información véase Freedman, Diego, "*Funciones normativas del interés superior del Niño*", en Revista, ¿Más Derecho? N° 4, año 4, Fabián Di Plácido Editor, Buenos Aires, 2004, disponible en: Funciones normativas del interés superior del niño (juragentium.org), consultado el 27 de julio de 2021.

61 Para más información véase a Beloff, Mary, "*Fortalezas y debilidades del litigio estratégico para el fortalecimiento de los estándares internacionales y regionales de protección a la niñez en América Latina*", en Fondo de las Naciones unidas para la infancia (UNICEF) Chile, Justicia y Derechos del Niño, Núm. 11, 2009, disponible en Justicia y derechos del niño, número 11. Colección Unicef (unam.mx), consultado el 26 de julio de 2021.

protector, juez o institución en una sola persona[62],el cual simplemente ejecuta políticas públicas, idea que en la actualidad es inaceptable e incompatible con cualquier Estado protector de Derechos Humanos.[63]

En tal sentido, el sistema ya descrito y a raíz de la firma de la Convención Internacional sobre los Derechos del Niño de 1989, buscó una protección integral de los derechos de los niños, niñas y adolescentes, misma que poco a poco se ha ido perfeccionando con los tratados universales, multiregionales y regionales en el tema en cuestión y que aún y cuando no tengan fuerza vinculante entre Estados[64], sí son pensamientos generalizados de la comunidad internacional, lo que ha derivado en una protección más integral de los derechos de los niños, niñas y adolescentes con instituciones mucho más prácticas y no solamente teóricas, y si bien es cierto no es un concepto del todo acabado, si es claro que dicho pensamiento implica una renovación constante y adecuación acorde a lo que realmente proteja a los niños, niñas y adolescentes, debiendo destacarse las siguientes características en cualquier Estado que los quiera proteger:[65]

---

62 Como es el caso del Sistema para el Desarrollo Integral de la Familia (DIF) en nuestro país.

63 Gutiérrez Contreras, Juan Carlos, *Ibidem*, págs. 102-107.

64 Incluso los Estados han emitido diversas normatividades internas para adecuarse al convenio, tal y como lo refiere Daniel O´Donell, Daniel, "*La Doctrina de la Protección Integral y las Normas Jurídicas Vigentes en Relación a la Familia*", en Gutiérrez Contreras, Juan Carlos, (Coord.), *Memorias del Seminario Los Derechos Humanos de los Niños, Niñas y Adolescentes*, México: Secretaría de Relaciones Exteriores, Programa de Cooperación sobre Derechos Humanos en México, 2006, págs. 119-123, disponible en su versión en línea en el link: Memorias del Seminario Los Derechos Humanos de los Niños, Niñas y Adolescentes (unam.mx), consulado el 26 de julio de 2021.

65 Cfr. *Ibidem*, pág. 110-115.

- Marco teórico. Basado en la reacción social, rompiendo con el antiguo modelo etiológico[66], en donde ya no es fundamental las condiciones del sujeto para la intervención del Estado.
- Características del destinatario de las normas institucionales de protección integral de los derechos de la infancia. En donde los niños, niñas y adolescentes ahora son definidos como sujetos plenos de derechos con los mismos derechos de los adultos, pero con derechos adicionales específicos, recuperando la universalidad de los derechos de la infancia, debiendo existir mecanismos legales para la violación de los derechos de éstos y no como un sistema proteccionista.
- Características de la respuesta estatal. Con políticas públicas en la materia específica, permitiendo la defensa y el reconocimiento de los derechos de los niños como cuestión que depende del Estado y de la universalidad de dichas políticas.
- Características y rol de juez. En donde los jueces deben limitarse a la cuestión jurisdiccional en el ámbito de su competencia, dejando su papel paternalista hacia los menores y concentrándose en la cuestión constitucional y de derecho.
- Intervención estatal en caso de protección. En donde es el menor el sujeto de dicha protección y en donde se actúa solo si existe alguna violación o riesgo en algún derecho, no siendo dicha intervención forzosamente judicial.

---

66 Sustentado en la evolución de desarrollo humano desde un punto de vista psicológico.

De lo ya citado, resulta claro el avance que se ha tenido en el tema de protección integral hacia el menor, tal y como lo refiere Emilio García Méndez, para quien el nuevo paradigma nos arrojó como cambio que las leyes de "menores" fueran un instrumento determinante en el diseño y ejecución de la política social para la infancia pobre, mismas que fueron un instrumento (legal) determinante para legitimar la alimentación coactiva de las políticas asistenciales.

Así, mientras las políticas sociales básicas eran percibidas como una obligación del Estado de las cuales los ciudadanos, se sentían acreedores de un derecho, alimentando estas políticas asistenciales que eran percibidas como prerrogativas de un gobierno (cuando no de un partido) frente a las cuales el ciudadano se transformaba en cliente y el servicio en dádiva se reflejaba como tal, por lo que al asumir la forma "técnicamente natural" que asumían las políticas asistenciales, cuando no resultaban estrictamente necesarias, se convirtió no sólo en parte de los problemas que aquejaba a la política social sino, lo que es aún mucho peor, en un serio problema para el propio desarrollo democrático, hecho que no resulta difícil darse cuenta de que el proceso de construcción de la ciudadanía apenas está comenzando y en donde el presente y el futuro de la infancia ya son una cuestión de justicia.[67]

Es claro que, en el caso de nuestro país, con la reforma publicada el 12 de octubre del año 2011, la cual elevó a rango constitucional el interés superior de la niñez, reformando los párrafos sexto y séptimo, y adicionando un párrafo del artículo

---

67 García Méndez, Emilio, Infancia, "*Ley y Democracia: Una cuestión de justicia*", en Justicia de Derechos del Niño, número 9, Fondo de las Naciones Unidas para la Infancia (UNICEF), Chile 2007, págs. 44 y 45, disponible en *justcia_y derechos 9.pdf (unicef.cl), consultado el 30 de julio de 2021.

4 de la Constitución Política de los Estados Unidos Mexicanos,[68] la cual, complementada a la reforma constitucional del 10 de junio de 2011, en materia de Derechos Humanos, dio un gran avance en nuestro marco normativo:

> *Artículo 4o.- La mujer y el hombre son iguales ante la ley. Ésta protegerá la organización y el desarrollo de la familia.*
>
> *(…)*
>
> *En todas las decisiones y actuaciones del Estado se velará y cumplirá con el principio del interés superior de la niñez, garantizando de manera plena sus derechos. Los niños y las niñas tienen derecho a la satisfacción de sus necesidades de alimentación, salud, educación y sano esparcimiento para su desarrollo integral. Este principio deberá guiar el diseño, ejecución, seguimiento y evaluación de las políticas públicas dirigidas a la niñez.*
>
> *Los ascendientes, tutores y custodios tienen la obligación de preservar y exigir el cumplimiento de estos derechos y principios.*
>
> *El Estado otorgará facilidades a los particulares para que coadyuven al cumplimiento de los derechos de la niñez.*
>
> *Los ascendientes, tutores y custodios tienen la obligación de preservar y exigir el cumplimiento de estos derechos y principios*
>
> *(…)*[69]

Sin embargo, necesitamos implementarlas para poder aplicar este derecho que tienen todos los niños como seres humanos y no entendido como alguien que no tiene capacidad de

---

68 Véase la exposición de motivos de dicha reforma, en el siguiente link: http://sil.gobernacion.gob.mx/Archivos/Documentos/2010/11/asun_2713325_20101125_1290712028.pdf, consultado el 13 de noviembre de 2021.

69 Cámara de Diputados, *Constitución Política de los Estados Unidos Mexicanos*, disponible en el sitio web de la Cámara de Diputados del H. Congreso de la Unión, disponible en el link: http://www.diputados.gob.mx/LeyesBiblio/pdf/1_280521.pdf, consultado el día 13 de noviembre de 2021.

gobernarse por sí mismo o que es incapaz en virtud de dicha edad, principios que en el caso que nos ocupa de la sustracción de menores son vitales, ya que, sobre éstos, se encuentra sustentado el concepto de interés superior de la niñez.

Capítulo 2

Objetivo de la restitución internacional de menores

Tal y como se mencionó en el capítulo que antecede, la restitución internacional de menores descansa sobre principios básicos inherentes al mantenimiento de los niños, niñas y adolescentes en un entorno conocido, en su residencia habitual, continuando bajo la guarda y custodia del progenitor que la ostentaba y a su vez, en un ambiente en el que pueda desarrollarse con plenitud, que se encuentre libre de perturbaciones emocionales, psicológicas o de cualquier tipo que pueda afectar su personalidad, su identidad y su entorno personal a futuro. En tal sentido, es que resulta conveniente realizar un estudio de estos principios a fin de comprender mejor en que consiste cada uno de ellos.

2.1. MANTENIMIENTO DEL STATUS DE LAS NIÑAS, NIÑOS O ADOLESCENTES

No cabe duda que el objetivo central de la restitución de menores, versa respecto del mantenimiento de las condiciones en que se encontraba la niña, niño o adolescente previo a la sustracción, en tal sentido, resulta claro que tal y como lo señala la propia Convención de La Haya de 1980, la principal finalidad de la misma, es el respeto a las normas y condiciones en donde se encontraba el infante, lo anterior incluso, ha sido sostenido por autores como Pilar Jiménez Blanco al señalar:

> *"...debe tenerse en cuenta que la principal finalidad del CH 1980 es el mantenimiento del status quo anterior a la sustracción. Ahora*

> *bien, como elemento integrante de ese status quo también está el respeto a las normas de competencia existentes y aplicables a la custodia antes de que se produjera la sustracción."*[70]

Así las cosas, resulta más que claro que la Convención sobre los Aspectos Civiles de la Sustracción Internacional de Menores de 1980, busca la protección de estos principios sobre cualquier injerencia tanto externa como interna, entendiéndose por ésta incluso la que puede ejercer la familia y que tenga como fin, el modificar o variar sus circunstancias en donde se desarrolle el niño, niña o adolescente de manera habitual.

La anterior idea, conlleva un cambio de manera secuencial en el desarrollo del infante, ya que si existe una sustracción, resulta claro que tal situación impactará en el desarrollo del infante, sin embargo, una de las cuestiones que son desatendidas por la convención en cita, versa justamente, sobre la manera en la cual se desarrollará la restitución en cuestión, así como todas las acciones subsecuentes a la misma, supuestos que en la práctica muchas veces son más complicadas y traumáticas que la propia restitución como tal, por lo cual, el presente trabajo, trata de brindar algún tipo de respuestas en dichos casos y por qué no, la implementación de acciones para lograrlo.

En efecto, si el principal objetivo de la Convención es el mantenimiento de las condiciones en las que se encuentra el menor previo a la sustracción ilícita, y el respeto al derecho de la patria potestad, aunque la tengan ambos progenitores, esto arroja el derecho a prohibir a los hijos a salir del país en detrimento del mismo[71], por lo cual, es claro que dicho derecho

---

70 Jiménez Blanco, Pilar, "*Litigios sobre la custodia y sustracción internacional de menores*", España: Universidad de Oviedo, Marcial Pons, 2008, pág. 12.

71 Marín Pedrero, Carolina, "*Sustracción internacional de Menores y proceso legal para la restitución del menor*", 2ª Edición, España, Editorial Ley 57, 2016, pág. 52.

aplica a la restitución del menor a su lugar de domicilio habitual buscando en teoría, que las cosas vuelvan a ser como se encontraban previa a la sustracción, sin embargo, también es claro que tal situación nunca vuelve a ser igual, ya que muchas veces el daño que se le ocasiona a los niños, niñas y adolescentes es irreversible dejando huella en ellos de por vida.

En tal sentido y aún y cuando la propia Convención refiere a lo largo de la misma la obligación de todos y cada uno de los Estados de ordenar la restitución de los menores a su residencia habitual de forma inmediata, con la única excepción de los supuestos contenidos en el artículo 13, que refiere que dicha restitución no se ordenará cuando la persona u organismo que se oponga a la restitución acredite que:

a) La persona, institución u organismo que se hubiera hecho cargo de la persona del menor no ejercía de modo efectivo el derecho de custodia en el momento en que fue trasladado o retenido o había consentido o posteriormente aceptado el traslado o retención; o

b) Que existe un grave riesgo de que la restitución del menor lo exponga a un peligro grave físico o psíquico o que de cualquier otra manera ponga al menor en una situación intolerable.

   La autoridad judicial o administrativa podrá asimismo negarse a ordenar la restitución del menor si comprueba que el propio menor se opone a la restitución, cuando el menor haya alcanzado una edad y un grado de madurez en que resulte apropiado tener en cuenta sus opiniones.[72]

Las anteriores excepciones radican en el principio referido, ya que es prioritario y obligación de los Estados velar porque los niños, niñas y adolescentes, sufran los menores daños posibles

---

[72] Véase el numeral citado en la Convención de la Haya de 1980.

de cualquier índole, por lo cual, el mantenimiento del status de éstos al cual se encuentren mejor adaptados será fundamental y con ello evitar cualquier daño posterior al que pudieren estar expuestos y que eventualmente afecten a su libre desarrollo.

Sin embargo, resulta claro también, que aún y cuando la finalidad de la propia Convención de La Haya es la restitución para evitar exponer al infante, también lo es, que la misma omite las cuestiones posteriores a la misma e incluso la forma en que deberá realizarse ésta, por lo que será fundamental comprender, analizar y estudiar los posibles riesgos a los cuales los niños, niñas y adolescentes, serán expuestos al darse la citada restitución, hecho que es un punto omitido por la Convención, más aún si todo se hace en beneficio del propio infante y acorde a sus intereses.

De igual manera, vale la pena señalar que la Convención en cita, tampoco refiere en sus numerales, ningún supuesto respecto de las condiciones en las cuales se encontraba el infante previo a la sustracción, ya que menciona de manera expresa que cualquier menor que haya sido sustraído de manera ilícita de su lugar de residencia, debe de ser restituido a su domicilio habitual, salvo cuestiones excepcionales señaladas en la propia Convención[73], dando por hecho que las condiciones previas a la sustracción, eran mejores para éste, lo cual llama la atención ya que no es una condición necesariamente cierta, sin embargo, la misma radica en buscar siempre el beneficio de los niños, niñas y adolescentes y la protección del interés superior de éstos(as).

En tal sentido y como se analizó, es un punto que debe tomarse en cuenta, ya que si la retención o sustracción ilegal por sí misma puede ser traumática para el infante, si la adicionamos

---

73 Véase el artículo 13 de la Convención de la Haya sobre los aspectos civiles de la sustracción internacional de menores.

al proceso de restitución como tal, puede acrecentar la problemática y si a esto le adicionamos que no se analizan las condiciones posteriores a la restitución a las cuales se sujetará el infante, ni como se desarrolla la misma, resulta claro que este hecho puede ocasionarle daños irreversibles a los niños, niñas y adolescentes, por lo cual, la implementación de medios alternativos de solución de controversias como la mediación pueden servir de manera sustancial en la protección del interés superior de la niñez.

En este orden de ideas, igualmente es aplicable lo señalado por la propia Pilar Jiménez citando a N. Lowe, M. Everall QC y M. Nicholls, cuando refiere al "interés superior del menor en las restituciones internacionales", mismo que tal y como lo se mencionó previamente, no se encuentra en la Convención y por tanto la misma la sobreentiende al abordar el tema al apuntar:

> "Cabe observar que el «interés del menor» no aparece como tal en el articulado del CH 1980, sino únicamente en su Preámbulo. Ello significa que no se reconoce en el texto del CH 1980 a las autoridades y tribunales la discrecionalidad necesaria para garantizar la protección del interés del menor, sino que se automatiza la respuesta de la restitución como equivalente a dicho interés. A salvo quedan las excepciones que el propio Convenio contiene a dicha restitución, que constituyen la vía a través de la cual el interés «particular» del menor va a aflorar."[74]

De esta forma, resulta claro que si bien es cierto el mantenimiento de los niños, niñas y adolescentes en las condiciones en la que se encontraban son determinantes para ordenar la restitución del éstos(as), también lo es que los mismos Estados deberían a mi juicio, emitir un informe en donde se

---

[74] N. Lowe, M. Everall QC y M. Nicholls, "*Internacional Movement of Children (Law Practice and Procedure)*", Bristol, Jordan Publishing Ltd., 2004, en Jiménez Blanco, Pilar, *Ibidem*, pág. 13.

establezcan las condiciones que tenían éstos(as) previo a ser restituidos(as), lo anterior a fin que la Autoridad o el Estado que vaya a realizar la restitución pueda valorar si realizan la misma o no, y con ello, tener mayor certeza de las condiciones en las que se encontraban los niños, niñas y adolescentes previo a ésta, hecho que será en beneficio de éstos(as) y de mantenerlos(as) en las mismas condiciones en las que se encontraban previo a la retención o sustracción ilegal.

2.2. DERECHO DE CUSTODIA

Para explicar el Derecho de custodia, en primero punto hay que definirlo, sin embargo, para entenderlo de manera integral, hay que relacionarlo con la patria potestad, la cual en palabras del maestro Rafael de Pina es el conjunto de facultades que suponen también deberes, conferidos a quienes la ejercen con relación a las personas y bienes de los sujetos a ella, con el objeto de salvaguardarlas en la medida necesaria.[75]

En tal sentido, los deberes y derechos referidos los ejercen quienes tienen la representación de los niños, niñas y adolescentes y que en muchos casos también poseen la guarda y custodia de éstos(as), siendo en el caso de la patria potestad los progenitores, tutores o en algunos casos las instituciones que velan por el interés superior del éstos, los que deben procurarla, por lo cual, toda aquella conducta que se realice siempre deberá ser en beneficio de su desarrollo integral, hecho que en todo momento será siempre protegido por las normas.

Así, al entender la patria potestad, se puede mencionar que la custodia, es un derecho-deber de quienes ejercer la patria potestad de salvaguardar, cuidar, representar, proteger

---

75 De Pina, Rafael, "*Elementos de Derecho Civil Mexicano*", vol. I, 6ª Edición, Editorial Porrúa, México, 1972, pág. 377.

a los niños, niñas y adolescentes que se encuentran a su cargo, para que, en caso de separación de las personas encargadas de ella, velen por el interés superior de éstos (as), máxime que tal hipótesis se encuentra contemplada en el artículo 416 del Código Civil para el Distrito Federal que menciona de manera literal:

> Artículo 416.- En caso de separación de quienes ejercen la patria potestad, ambos deberán continuar con el cumplimiento de sus obligaciones y podrán convenir los términos de su ejercicio, particularmente en lo relativo a la guarda y custodia de los menores. En caso de desacuerdo, el Juez de lo Familiar resolverá lo conducente, previo el procedimiento que fija el Título Décimo Sexto del Código de Procedimientos Civiles.[76]

Así, siempre que exista separación de las personas encargadas de ejercer la patria potestad, deberá señalarse ya sea de común acuerdo por éstas, o bien en caso de desacuerdo por parte del Juez de lo Familiar, quién será el encargado de tener la custodia del menor, en el entendido que quien no la tenga, podrá tener derecho de visitas y de convivencia con los menores.

La anterior idea, parte de la premisa que es un derecho de los niñas, niños y adolescentes, más que de quien ejerza la patria potestad el vivir en un seno familiar y en caso de separación, de poder convivir con los integrantes de su familia, por lo que dicho derecho no incluye solamente a los padres y madres o a quienes ejerzan la patria potestad, sino con toda la familia, entendido por tal, abuelos, abuelas, tíos, tías, primos, primos y demás integrantes de la misma, derecho que incluso se encuentra contemplado también en la Ley de los Derechos de las Niñas, Niños y Adolescentes en la Ciudad de México, publicada en la Gaceta del Distrito Federal el 12 de noviembre

---

[76] Código Civil para el Distrito Federal, Editorial Sista, México, mayo, 2020.

del 2015, en su artículo trece, el cual menciona de manera literal lo siguiente:

> Artículo 13. Todas las niñas, niños y adolescentes son iguales ante la ley y merecen un trato igual y equitativo. De manera enunciativa más no limitativa, en la Ciudad de México gozarán de los siguientes derechos:
>
> ...
>
> IV. Derecho a vivir en familia;
>
> ...[77]

Del mismo modo, nuestros Tribunales, consideran que el derecho de custodia, es una institución fundamental del derecho familiar, que tiene como finalidad regular, promover, evaluar, preservar y, en su caso, mejorar o reencausar la convivencia en el grupo familiar respecto de menores y, por ello, se encuentra por encima de la voluntad de la persona a cuyo cargo se encuentre la custodia del menor, por tratarse de un derecho humano principalmente dirigido a él, aunque también favorezca indirectamente a sus ascendientes y a quienes conforman dicho grupo.[78]

En este orden de ideas, la custodia se puede resumir como ese derecho-deber que tiene quien ejerce la patria potestad, de tener a su cargo al menor, a fin de guiarlo, cuidarlo y salvaguardar su interés superior, en el entendido que en caso de

---

77 Ley de Derechos de las Niñas, Niños y Adolescentes en la Ciudad de México, Asamblea Legislativa del Distrito Federal, disponible en su versión en línea en el link: https://data.consejeria.cdmx.gob.mx/images/leyes/leyes/LEY_DE_LOS_DERECHOS_DE_NINAS_NINOS_Y_ADOLESCENTES_DE_LA_CDMX_6.3.pdf, consultado el 31 de agosto del 2021.

78 Tesis I.5.C.J./32 (9ª.), *Semanario Judicial de la Federación y su Gaceta*, Libro IX, junio de 2012, Tomo 2, pág. 698, Registro 160075, disponible en el sitio web de la Suprema Corte de Justicia de la Nación en el link: Detalle–Tesis–160075 (scjn.gob.mx), consultada el 01 de octubre del 2020.

separación de quienes ejerzan la patria potestad, la misma la tendrá alguno de ellos(as) y quien no la tenga, podrá tener el derecho de visitas fomentando el libre desarrollo de los niños, niñas y adolescentes en todos sus aspectos internos, externos, sociales, personales, culturales y demás.[79]

Por lo antes referido, la sustracción de menores, se da en un amplio margen por personas que tienen tanto la guarda y custodia de manera exclusiva, como aquellos que tienen el derecho a visitas sobre éstos(as), en donde en ambos casos existe la prohibición de sacar al niño, niña o adolescente del lugar en donde se encuentra su residencia habitual de manera definitiva. En este sentido, la doctrina ha llamado a actuar ante los "traslados ilícitos", mismos que tal y como referimos anteriormente, la propia Convención no toma medidas necesarias para el post regreso del niño, niña o adolescente a su residencia habitual en donde éste volverá bajo la protección y custodia de la persona que lo tenía en su lugar de residencia sin condicionamientos (*undertakings or safe habour orders*), con los derechos que aún pudieren existir respecto del otro progenitor o persona que tuviere los derechos de visita.[80]

De igual manera, también hay que señalar que la Convención al igual que en el punto antes mencionado, es omisa en el sentido de señalar si la niña, niño o adolescente, posterior a la restitución a su lugar de residencia habitual, debe de tener algún tipo de procedimiento o ayuda psicológica o emocional derivada de la sustracción a la que fue sometida, lo cual se debe asumir, será en el Estado de residencial del estos(as), sin embargo, la propia Convención si hace referencia respecto a que

---

79 Este aspecto se puede apreciar con las custodias compartidas.

80 Cfr. Rhona, Schuz, *The Hague Child Abduction Convention: A Critical Analysis*, Londres: A&C Black, 2014.

el progenitor que realizó la retención o sustracción ilegal, podrá pagar los gastos generados de la mismo.[81]

Por lo antes señalado, resulta claro que el Derecho de Custodia en la Convención de La Haya de 1980, si bien es cierto no es un tema referido de manera clara, si es un eje primordial para la restitución internacional de menores, ya que en el descansa el derecho de solicitar la restitución de éstos(as) a su residencia habitual en virtud de las consideraciones y derechos que se pretender salvaguardar a favor de los niños, niñas y adolescentes que la han sufrido, derecho que evidentemente será accionado por quienes ejercen el Derecho de Custodia generalmente.

2.3. RESPETO AL LIBRE DESARROLLO DE LA PERSONALIDAD Y DIGNIDAD

El derecho al libre desarrollo de la personalidad es uno de los derechos que si bien es cierto no se encuentran contemplados de manera amplia en nuestra legislación, si lo es que a partir de la reforma del 10 de junio del 2011, dicho concepto se encuentra plasmado en el artículo 19 de la Constitución Política de los Estados Unidos Mexicanos al mencionarlo como un derecho que si se vulnera, puede considerarse delito y con ello el juez puede dictar prisión preventiva oficiosa contra quien la ataque[82].

---

81 Véase artículo 26 de la Convención de la Haya sobre los aspectos civiles de la sustracción internacional de menores.

82 Artículo 19.- …
El juez ordenará la prisión preventiva oficiosamente, en los casos de abuso o violencia sexual contra menores, delincuencia organizada, homicidio doloso, feminicidio, violación, secuestro, trata de personas, robo de casa habitación, uso de programas sociales con fines electorales, corrupción tratándose de los delitos de enriquecimiento

Así, se puede afirmar que dicho derecho, es mayormente citado en tratados internacionales y en algunas tesis jurisprudenciales que refieren que la Constitución mexicana otorga una amplia protección a la autonomía de las personas, al garantizar el goce de ciertos bienes que son indispensables para la elección y materialización de los planes de vida que los individuos se proponen, por lo que en términos generales, puede decirse que los derechos fundamentales tienen la función de salvaguardar esos bienes contra medidas estatales o actuaciones de terceras personas que puedan afectar la autonomía personal, así, el derecho al libre desarrollo de la personalidad brinda protección al individuo cuando su libertad no se encuentra cubierta por las otras libertades públicas y en donde el Estado debe salvaguardar un derecho que no se encuentra protegido expresamente y de manera específica.[83]

En tal sentido, el derecho al libre desarrollo de la personalidad no es un concepto del todo definido, ya que el mismo se relaciona con muchos otros derechos y en particular con el derecho a la dignidad humana, idea que también sostiene nuestro máximo Tribunal al referir que tiene su fundamento

---

ilícito y ejercicio abusivo de funciones, robo al transporte de carga en cualquiera de sus modalidades, delitos en materia de hidrocarburos, petrolíferos o petroquímicos, delitos en materia de desaparición forzada de personas y desaparición cometida por particulares, delitos cometidos con medios violentos como armas y explosivos, delitos en materia de armas de fuego y explosivos de uso exclusivo del Ejército, la Armada y la Fuerza Aérea, así como los delitos graves que determine la ley en contra de la seguridad de la nación, el libre desarrollo de la personalidad, y de la salud.

…

83 Tesis 1ª. /J.5/2019 (10ª.), *Gaceta del Semanario Judicial de la Federación y su Gaceta*, Libro 63, febrero de 2019, Tomo I, pág. 487, Registro 2019355, disponible en el sitio web de la Suprema Corte de Justicia de la Nación en el link: Detalle–Tesis–2019355 (scjn.gob.mx), consultado el 24 de septiembre del 2020.

en la misma como derecho fundamental superior reconocido por el orden jurídico mexicano y del cual derivan, entre otros derechos personalísimos, el de todo individuo a elegir en forma libre y autónoma su proyecto de vida, por lo cual, el Estado debe reconocer la facultad natural de toda persona a ser individualmente como quiere ser, sin coacción ni controles injustificados, con el fin de cumplir las metas u objetivos que se ha fijado, de acuerdo con sus valores, ideas, expectativas, gustos, etcétera. Por tanto, el libre desarrollo de la personalidad comprende, entre otras expresiones todo tipo de libertades mediante los cuales pretende desarrollarse el individuo.[84]

Así, en palabras de Aguilar Sahagún:

> "...el desarrollo de la personalidad se da en razón de su conciencia moral, de su libertad y de su dignidad, en donde el hombre tiene derecho al desarrollo de su personalidad que se verifica de forma implícita en el ejercicio de cualquier otro derecho."[85]

La idea antes citada, igualmente la sostiene Lucrecio Rebollo al mencionar:

> "Los derechos de la personalidad o personalísimos tienen así un doble objetivo constitucional. Uno de protección de aspectos diversos de la persona en ser considerada y en relación con

---

84 Tesis P. LXVI/2019, *Gaceta del Semanario Judicial de la Federación y su Gaceta*, Tomo XXX, diciembre de 2009, Registro 165822, disponible en el sitio web de la Suprema Corte de Justicia de la Nación en el link: Detalle–Tesis–165822 (scjn.gob.mx), consultado el 24 de septiembre del 2020.

85 Aguilar Sahagun, Luis Armando, "*El derecho al desarrollo: su exigencia dentro de la visión de un nuevo orden mundial*", México, ITESO-Universidad Iberoamericana, 1999, pág. 24, citado en Hernández Cruz, Armando, *Derecho al libre desarrollo de la personalidad*, Serie nuestros Derechos, México, INEHRM-IIJ, 2018, pág. 4.

> los demás. Pero también, obedece al propósito de facilitar el desarrollo integral de cada uno de los sujetos." [86]

De esta forma, resulta claro que el derecho al libre desarrollo de la personalidad tiene estrecha relación con otros derechos y en particular con la dignidad, por lo que hay que referirse a esta para entender la naturaleza del multicitado derecho al libre desarrollo de la personalidad.

En este orden de ideas, la dignidad es un concepto que ha evolucionado hasta ser un referente del pensamiento moral, político y jurídico, por lo que para este último alcanza el papel de valor o de principio. La palabra dignidad, como se analizará más adelante, es la traducción latina del griego "axioma". Los axiomas son las realidades dignas de ser creídas, estimadas o valoradas. De este modo la palabra "axioma" significa el principio que, por su valor en sí, es decir, por ocupar un cierto lugar en un sistema de proposiciones, no puede no ser considerado como verdadero.[87]

Tomando como referencia el Diccionario de la Real Academia Española de la Lengua[88], el término dignidad procede del latín dignitgas-atis y significa en su prima acepción, calidad de digno. Además, se entiende como excelencia, realce, gravedad y decoro en las personas en cuanto a la manera de comportarse. El valor está insertado dentro de uno de los trascendentales

---

86 Rebollo Delgado, Lucrecio, "*El derecho fundamental a la intimidad*", 2ª Edición, España, Dykson, 2005, pág. 183, citado en Hernández Cruz, *Op. Cit.*

87 Real Academia Española, "*Diccionario de la lengua española*", Barcelona, España, 2004, disponible en su versión en línea en el link: axioma | Definición | Diccionario de la lengua española | RAE–ASALE, consultado el 6 de febrero del 2024.

88 *Ibidem:* dignidad | Definición | Diccionario de la lengua española | RAE–ASALE, consultado el 6 de febrero del 2024.

o propiedades máximas del ente: el bien. Así, todo lo valioso es bueno, aunque no todo lo bueno es valioso.

El concepto de dignidad no es nuevo, tiene sus orígenes desde el concepto mismo de hombre, en la antigua Grecia por ejemplo el concepto dignidad, ya era desarrollado por autores como Platón, quien, según sus Diálogos, lo menciona de la siguiente manera: "La dignidad apunta a la ambivalencia del concepto en donde tiene una dimensión externa, que consiste en una semejanza con la divinidad y una dimensión interna que se vincula con la inteligencia que busca la justicia y la piedad."[89]

Por su parte, Cicerón se refería al término vinculándolo directamente con la igualdad al mencionar:

> ... aquello que conviene a la excelencia de la naturaleza humana considerada en todo lo que la distingue de los demás animales... Los elementos que consolidan esa superioridad estaban ya señalados y además de la idea de igualdad del género humano que sitúa en la sociedad universal, señala la razón y el habla que enseñando, aprendiendo, comunicando, disputando y juzgando concilia los hombres entre sí y les une en una sociedad natural... La misma naturaleza concilia unos hombres con otros, así para el habla recíproca como para la vida sociable...[90]

El concepto dignidad ha evolucionado junto con el desarrollo de la humanidad ya que en un principio se le relacionaba con el ámbito religioso, entendiéndose el derecho a la misma de manera abstracta, como derecho de todo ser humano a ser tratado como ser superior a todos los demás creados; con el derecho a la dignidad concreta, que se traduce en el derecho

---

[89] Platón, "*Diálogos de Platón*", Editorial Gredos, t. V, Madrid, España, 1988, pág. 244.

[90] Cicerón, "*Los oficios, Libro I, Capítulo XXVII*", Editorial Porrúa, México, 1982, pág. 28.

de todo ser humano a que los demás le atribuyan el honor y le respeten la fama personal, que cada cual se haya ganado a lo largo de su vida mediante sus servicios a la sociedad.[91]

Por su parte, reflexionando sobre el tomismo Beuchot, refiere que la dignidad puede dividirse en dos grupos: Sustancial y accidental; y propia, subordinada, supraordinada y coordinada. En el primer grupo se considera la dignidad en cuanto al ser en sí mismo; en el segundo, se mira al ser en sus relaciones con otros seres. a) Dignidad sustancial y accidental. Es sustancial la dignidad que dimana de la esencia del ser. Es accidental cuando el ser recibe determinaciones, que no brotan de sus cualidades específicas, que lo hacer ser mejor. b) Dignidad propia, subordinada, supraordinada y coordinada. La dignidad propia, es la del ser que no necesita de ningún otro tipo de ser para ser lo que es; es el ser que en sí mismo tiene, de una vez y para siempre, todas sus perfecciones. Es la dignidad que le compete a Dios (debe entenderse como el Creador para fines del presente tema y no entrar en debates religiosos). La dignidad subordinada es la de los seres que dependen en su existencia de un ser superior y anterior a ellos. Es el caso de las criaturas. Algunas de éstas se encuentran coordinadas entre sí y otras supraordinadas. Son supraordinadas las criaturas que son unas más perfectas que otras. Finalmente, la dignidad coordinada es la que se da entre iguales de la misma especie, como es el caso de los hombres, cuya dignidad es la misma, pues todos los individuos de la especie son "supuestos de naturaleza racional."[92]

Por otro lado, algunos autores han desligado a la dignidad de la religión, tal y como lo hizo Rousseau, al señalar:

---

91 Puy Muñoz, F., "*El derecho a la dignidad*", en Homenaje a Eleuterio Elorduy, S. J. Universidad de Deusto, Bilbao, España, 1978, pág. 264.

92 Beuchot, Mauricio, "*Filosofía y derechos humanos*", Editorial Siglo XXI, México, 1993, pág. 55.

> "Ningún hombre, siendo de la misma especie que yo, puede conocer naturalmente algo que yo no puedo conocer...; cuando creo lo que dice, no es por lo que dice, sino porque lo demuestra... Apóstol de la verdad, ¿Qué tenéis que decirme de lo que yo no sea juez? Dios mismo ha hablado, escuchad su revelación... No es así. ¿Dios ha hablado? ¿A quién ha hablado? Ha hablado a los hombres. ¿Por qué no he escuchado nada? Ha encargado a otros hombres a transmitirnos su palabra. Comprendo. Son hombres los que me van a decir lo que Dios ha dicho. Me hubiese gustado haber escuchado a Dios directamente; no le habría costado mucho y yo habría estado al abrigo de la seducción... ¡Siempre testimonios humanos! Siempre hombres que me refieren lo que otros hombres han referido. ¿Cuántos hombres entre Dios y yo?"[93]

De esta forma, la defensa de la dignidad humana en Rousseau, pasa por la crítica a la religión que impide la plena dignidad de la persona, al hacer imposible su autonomía de decidir lo que consideran si es bueno o malo, con la amenaza constante del repudio de esta.

Por su parte Kant, refería que la dignidad es un valor incondicional que no puede ir sometido a transacción, ni tampoco utilizado como medio y se sitúa en esa capacidad de decidir en qué consiste la autonomía:

> "...la autonomía es para el principio de la dignidad de la naturaleza humana el de toda naturaleza razonable, ... la dignidad de la humanidad consiste precisamente en esta facultad que tiene de establecer leyes universales, a condición, en todo caso, de ser al mismo tiempo ella misma sometida a esta legislación..."[94]

---

93 Rousseau J. J., en "*L'Emile, Oeuvres Completes*", 3, Du Seuil, Paris, Francia, 1971, pág. 23.

94 Cfr. Peces-Barba Martínez, Gregorio, "*La dignidad de la persona desde la filosofía del Derecho*", 2a. Ed., Instituto de Derechos Humanos Bartolomé de las Casas-Dykinson, Madrid, España, 2003, pág. 66.

Para Luis Recasens Siches por ejemplo, "el pensamiento de la dignidad consiste en reconocer que el hombre tiene fines propios de cumplir por sí mismo."[95]

De esta definición se desprende que cada ser humano tiene propósitos o fines individuales, los cuales sólo pueden cumplimentarse por el mismo ser, sin importar cualquier otra persona. En este mismo tenor, el bien puede ser considerado de dos formas: a) Suponiendo una tendencia hacia el deseo; y b) En cuanto a la perfección en sí mismo.

Así, la dignidad por un lado está inmersa en cada ser humano por el hecho de serlo, y por otro lado, es necesario y se requiere que el sujeto la procure y la acrecente. En este punto es donde varios autores consideran que la dignidad puede tener dos vertientes, por un lado, no admiten discriminación alguna por razón de sexo, raza, condición, etcétera, y por otro lado, la igualan con la dignidad ontológica, es decir, teniendo una igualdad por el simple hecho de ser humano. Sin embargo, al mismo tiempo y sin perder esta perspectiva, algunos otros, consideran que la dignidad se puede ir acrecentando dependiendo del comportamiento del ser humano tanto en lo personal como en lo social y lo refieren como una dignidad ética.[96]

Como puede apreciarse, el tema es amplio y complejo ya que se trata de un concepto invocado y exigido en nuestros días de forma casi unánime por todos los seres humanos y aunque su intelección puede parecer fácil, no lo es en absoluto, sin embargo, lo que sí es un hecho, es que cualquier Estado debe respetarla tal y como mencionaba el maestro Ignacio Burgoa al

---

95 Recasens Siches, Luis, "*Filosofía del Derecho*", Editorial Porrúa, México, 2003, pág. 48.

96 Nino, C.S., "*Introducción al análisis de Derecho*", Editorial Ariel Derecho, Barcelona, España, 1991, pág. 422.

citar: "cualquier tipo de régimen, sea social, jurídico o político, deberá tener en cuenta la dignidad de la persona pues es la única manera en la que será respetable y respetado".[97]

Una vez entendido el concepto de la dignidad, es que se puede comprender que el derecho al libre desarrollo de su personalidad, tiene su fundamento en la dignidad, la cual tiene su esencia en la comprensión de que cada persona es valiosa en si misma por el simple hecho de ser persona, en este tenor, Legaz señala que "el valor de la persona consiste, en ser más que el mero existir, en tener dominio sobre la propia vida y esa superación, este dominio, es la raíz de la dignidad de la persona"[98]

Las ideas antes citadas pueden resumirse con lo que menciona Armando Hernández, quien refiere que el libre desarrollo de la personalidad refleja un conjunto de libertades encaminadas a enriquecer el proyecto de cada persona, siempre y cuando se trate del ejercicio de derechos sin intromisiones,[99] sin embargo, nuestro máximo Tribunal ha sostenido que el derecho en comento no es absoluto ya que tiene como limites el derecho de terceros.[100]

---

97 Burgoa, Ignacio, "*Las Garantías Individuales*", 44a. Ed., Editorial Porrúa, México, 2004, pág. 22.

98 Legaz, Lacambra, "*La noción jurídica de la persona humana y los derechos del hombre*", en Revista de Estudios Políticos. Núm. 5, Madrid, España, 1951, pág. 19.

99 Hernández Cruz, Armando, "*Derecho al libre desarrollo de la personalidad*", Serie nuestros Derecho, México, INEHRM-IIJ, 2018, pág. 42.

100 Tesis 1ª. /J.6/2019 (10ª.), "*Gaceta del Semanario Judicial de la Federación y su Gaceta*", Libro 63, febrero del 2019, Tomo I, pág. 492, Registro 2019359, disponible en el sitio web de la Suprema Corte de Justicia de la Nación, en el link: Detalle–Tesis–2019359 (scjn.gob.mx), consultado el 24 de septiembre del 2020.

Así, es claro que en el tema de sustracción o retención ilegal de menores, la restitución tiene como fundamento precisamente en que la misma no afecte el derecho de personalidad del menor con lo cual, se pueda proteger tanto en lo presente como en lo futuro, cualquier acción o evento que pueda modificar su psique, su emocional, su aspecto social, su desarrollo de vida y con ello velar por su interés superior en todos sus aspectos, razón por la cual, que el referido proceso de restitución se desarrolle de la mejor manera en donde todas las partes estén conformes, buscando una mediación en todo momento, resulta sustancial en el caso que nos ocupa.

2.4. OTROS DERECHOS DE NIÑAS, NIÑOS Y ADOLESCENTES

Al igual que los derechos antes mencionados, vale la pena señalar que los mismos no son los únicos que en su caso deben de analizarse por los juzgadores al dictarse cualquier resolución sobre restitución internacional de menores, ya que, con independencia del tema en cuestión, también existen otros principios rectores que rigen las resoluciones en donde se encuentran implicados éstos(as), tal y como lo refiere nuestro máximo Tribunal en diversas tesis jurisprudenciales, las cuales son señaladas por la maestra Mónica González Contró al referirse a las decisiones más relevantes del tema y que son:[101]

---

[101] Véase González Contró, Mónica, "*Decisiones relevantes de la Suprema Corte de Justicia de la Nación, núm. 79. Interés superior del menor. Su alcance y función normativa aplicable en materia de patria potestad, reconocimiento de paternidad y guarda y custodia, Serie Decisiones Relevantes de la Suprema Corte de Justicia de la Nación*", Suprema Corte de Justicia de la Nación e Instituto de Investigaciones Jurídicas de la Universidad Nacional Autónoma de México, México, 2015, págs. 28 a 31, disponible en su versión en línea en el link: https://biblio.juridicas.unam.

- Cuando exista una situación de riesgo para el menor.- En tal situación y siempre y que exista un riesgo en cualquier determinación que pueda tomar un órgano jurisdiccional, siempre deberá ser en beneficio de los menores involucrados, en el entendido que no solo cuando implique un riesgo actual, sino que bien puede aplicarse a futuro.[102]
- Función normativa del interés superior del menor.- Entendiendo como tal aquella en la cual cuando exista la disputa entre dos normas, siempre deberá de favorecerse la que beneficie el menor, la que vaya en favor de núcleo de intereses.[103] Del mismo modo, la función de protección al menor, proviene del Estado, quien deberá proteger la vida, a la nacionalidad y a la identidad, a la libertad de pensamiento y de conciencia, a la salud, a la educación, a un nivel de vida adecuado, a realizar actividades propias de la edad (recreativas, culturales, etcétera) y a las garantías del derecho penal y procesal penal; además, el interés superior del menor como principio garantista, también implica la obligación de

---

mx/bjv/detalle-libro/3992-decisiones-relevantes-de-la-suprema-corte-de-justicia-de-la-nacion-num-79-interes-superior-del-menor-su-alcance-y-funcion-normativa-aplicable-en-materia-de-patria-potestad-reconocimiento-de-paternidad-y-guarda-y-custodia, consultado el 22 de septiembre de 2020.

102 Tesis: 1ª. CVIII/2014 (10ª.), "*Semanario Judicial de la Federación y su Gaceta*", Décima Época, Libro 4, marzo del 2014, Tomo I, pág. 538, Registro 2005919, disponible en el sitio web de la Suprema Corte de Justicia de la Nación, en su versión en línea en el link: Detalle–Tesis–2005919 (scjn.gob.mx), consultado el 22 de septiembre de 2020.

103 Tesis: 1ª. CXXIII/2012 (10ª.), "*Semanario Judicial de la Federación y su Gaceta*", Décima Época, Libro IX, junio del 2012, Tomo 1, pág. 259, Registro 2000987, disponible en el sitio web de la Suprema Corte de Justicia de la Nación, en su versión en línea en el link: Detalle–Tesis–2000987 (scjn.gob.mx), consultado el 22 de septiembre de 2020.

priorizar las políticas públicas destinadas a garantizar el "núcleo duro" de los derechos de éste.[104]

- El del interés superior del menor en el ámbito jurisdiccional.- Entendido dicho principio, como el que tienen los impartidores de justicia cuando resuelvan cualquier asunto inherente a menores en donde deberán realizar una interpretación sistemática de la norma, más aún si se trata de medidas legislativas y administrativas, debiendo hacer un escrutinio más estricto en relación con la necesidad y la proporcionalidad de la medida en cuestión.[105]
- De protección de los menores.- Derivado del artículo 4° Constitucional, el cual es el punto de convergencia y regulador de los derechos de los niños mencionados tanto en tratados internacionales (Convención Americana sobre los Derechos Humanos) como en preceptos constitucionales, por lo cual, aún y cuando no exista un catálogo de derechos de los menores y su definición pudiere parecer vaga, por medio del precepto citado, se remite a una formula protectora de los derechos contemplados

---

104 Tesis: 1ª. CXXII/2012 (10ª.), "*Semanario Judicial de la Federación y su Gaceta*", Décima Época, Libro IX, junio del 2012, Tomo 1, pág. 260, Registro 2000988, disponible en el sitio web de la Suprema Corte de Justicia de la Nación, su versión en línea en el link: Detalle–Tesis–2000988 (scjn.gob.mx), consultado el 22 de septiembre del 2020.

105 Tesis: 1ª./J.18/2014 (10ª.), "*Semanario Judicial de la Federación y su Gaceta*", Décima Época, Libro 4, Marzo del 2014, Tomo I, pág. 406, Registro 2006011, disponible en el sitio web de la Suprema Corte de Justicia de la Nación, su versión en línea en el link: Detalle–Tesis–2006011 (scjn.gob.mx), consultada el 22 de septiembre de 2020.

en cualquier ordenamiento especializado en la materia acorde al artículo 1° de nuestra Carta Magna.[106]

- Para recabar y desahogar de oficio pruebas.- Consistente en que el juzgador incluso de oficio puede hacerse llegar de cualquier medio de convicción que pueda beneficiar al menor y en relación con cualquier derecho controvertido buscar la verdad.[107]
- No discriminación.- El presente principio hace referencia a que en ningún caso se debe el Estado debe de realizar prácticas desiguales y que pongan en un plano de desventaja a los menores por situaciones inherentes a sus padres, por lo cual, siempre se velará el respeto de los derechos de los menores.[108]
- Visitas y convivencia.- El presente implica que aún y cuando exista separación de los progenitores, o en su caso de quienes detenten la patria potestad, es un derecho del menor el poder seguir conviviendo con el progenitor

---

106 Tesis: 1ª. LXXVI/2013 (10ª.), "*Semanario Judicial de la Federación y su Gaceta*", Décima Época, Libro XVIII, marzo de 2013, Tomo 1, pág. 887, Registro 2003068, disponible en el sitio web de la Suprema Corte de Justicia de la Nación, su versión en línea en el link: Detalle–Tesis–2003068 (scjn.gob.mx), consultado el 22 de septiembre del 2020.

107 Tesis: 1ª./J. 30/2013 (10ª.), "*Semanario Judicial de la Federación y su Gaceta*", Décima Época, Libro XVIII, Marzo del 2013, pág. 401, Registro 2003068, disponible en su versión en línea en el sitio web de la Suprema Corte de Justicia de la Nación en el link: Detalle–Tesis–2003068 (scjn.gob.mx), consultado el 22 de septiembre del 2020.

108 Tesis: 1ªLXXXIV/2015 (10ª.), "*Semanario Judicial de la Federación y su Gaceta*", Libro 15, febrero del 2015, Tomo II, pág. 1409, Registro 2008551, disponible en su versión en línea en el sitio web de la Suprema Corte de Justicia de la Nación en el link: Detalle–Tesis–2008551 (scjn.gob.mx), consultado el 22 de septiembre del 2020.

que no tiene la guarda y custodia, lo anterior atendiendo al sano desarrollo emocional y a fin que siga manteniendo los lazos afectivos con este.[109]

El derecho antes citado, incluso se encuentra señalado en la propia Convención de La Haya en su artículo 21, el cual menciona la posibilidad de aplicar la Convención para fijar visitas mientras se tramita la restitución.

- Privación de la patria potestad como medida protectora del interés superior del menor.- Consistente en que únicamente en los casos en que dicha sanción sea en beneficio de los menores, es que la misma procederá, en el entendido que los padres deberán haber incumplido con alguna de sus obligaciones para ser sancionados con tal medida. Así las cosas y aún y cuando el artículo 9.1 de la Convención sobre los Derechos del Niño menciona que los Estados velarán por el interés superior del niño y porque este no sea separado de sus padres, este principio solo tiene la excepción cuando la misma es insistimos, en su beneficio.[110]

Vale la pena señalar que si bien es cierto no son los únicos derechos, para cuestiones del presente sí son los que considero lo más importantes para poder ejemplificar los principios rectores que deben de seguir los juzgadores cuando resuelven

---

109 Tesis: CCCLXVIII/2014 (10ª.), "*Semanario Judicial de la Federación y su Gaceta*", Libro 11, octubre de 2014, Tomo I, pág. 600, Registro 2007795, disponible en su versión en línea en el sitio web de la Suprema Corte de Justicia de la Nación en el link, Detalle–Tesis–2007795 (scjn.gob.mx), consultado el 22 de septiembre del 2020.

110 Tesis:1ª. XLIX/2013 (10ª.), "*Semanario Judicial de la Federación y su Gaceta*", Libro XVII, febrero de 2013, Tomo 1, pág. 830, Registro 2002864, disponible en el sitio web de la Suprema Corte de Justicia de la Nación, en su versión en línea en el link: Detalle–Tesis–2002864 (scjn.gob.mx), consultado el 22 de septiembre del 2020.

cualquier restitución internacional de niños, niñas y adolescentes y en sí, cuando resuelven cualquier asunto en donde intervienen éstos(as), por lo cual, los derechos ya referidos, deben de ser siempre armónicos y concordantes con cualquier resolución que implique no solo la restitución sino en donde se encuentre inmerso un niño, niña o adolescente, buscando implementar mecanismos acordes al multireferido interés superior del menor y que sean en la medida de las posibilidades, aceptados por todas las partes inmersas en el proceso.

Capítulo 3

Procedimiento de restitución previsto en la Convención de La Haya sobre Aspectos Civiles de la Sustracción de menores

Como se ha venido explicando, tanto la Convención de La Haya de 1980, como la Convención Interamericana de 1989, regulan en nuestro país los aspectos civiles sobre las restituciones internacionales de menores que son trasladados ilegalmente ya sea desde cualquiera de los Estados contratantes o hacia cualquier de ellos, siendo el primero de ellos el Convenio internacional y el segundo el regional, sin embargo, para cuestiones del presente trabajo me referiré al primero, esto es, al de La Haya de 1980. En tal sentido la sustracción descrita igualmente puede aplicar a aquellos traslados que se realizaron de manera ilegal, sin la autorización de los/las progenitores(as), como de de manera legal, en donde los menores han sido retenidos sin autorización de cualquiera de los progenitores o de cualquier persona que ostente la custodia del niño o niña, violentando con ello los derechos de guarda y custodia o visitas, según corresponda y que previamente habían sido otorgados por la autoridad competente del país de residencia habitual del menor.

En tal sentido, el Convenio de 25 de octubre de 1980 sobre los Aspectos Civiles de la Sustracción Internacional de Menores, cuenta con únicamente 45 artículos, distribuidos en 6 apartados, los cuales describen de manera genérica el ámbito de aplicación del Convenio, quienes son las Autoridades Centrales, el procedimiento de restitución de menores cuando son retenidos o sustraídos de manera ilícita, los derechos de visita, disposiciones generales y clausulas finales, mismos que se desarrollarán en el presente capítulo, sin embargo y como se ha referido anteriormente, el principal problema tiene que ver con el hecho que dicha Convención no puede abarcar todas las hipótesis y la forma de aplicación en los Estados, ya que éstos tienen sus propias normas, su propia cultura, sus propios rasgos distintivos, por lo cual, la aplicación de la misma será propia del Estado requerido, el cual deberá adecuarla a su propia normatividad.[111]

Es de precisarse, que si bien es cierto el presente capitulo se enfocará básicamente a lo mencionado en el Convenio de La Haya de 1980, sobre los Aspectos Civiles de la Sustracción de Menores, en algunos casos igualmente me referiré a la Convención Interamericana sobre Restitución Internacional de Menores, por ser el instrumento para Latinoamérica y el Caribe y del cual obviamente México forma parte para fines de comparación o ejemplificación.

Igualmente, debemos señalar que aunque ambas Convenciones refieren el término menor, en sendos casos se debe entender por éste, niño, niña o adolescente, por lo ya referido en el Capítulo de la Teoría integral del menor. Así, una vez hecha la aclaración anterior, también debemos señalar que el objeto central de ambas Convenciones, se encuentra referido en sus primeros artículos, resaltando que la finalidad será justamente garantizar la restitución inmediata de los menores trasladados

---

111 Véase el artículo 2º de la Convención de la Haya sobre los Aspectos Civiles de la Sustracción Internacional de Menores, disponible en el sitio web de la propia Convención, en su versión en línea en el link: 890dbe57-4c10-49be-9a85-554b4f83255f.pdf (hcch.net), consultado el 06 de octubre del 2020.

o retenidos de manera ilícita en cualquier Estado contratante, así como velar por que los derechos de custodia y de visita vigentes en uno de los Estados contratantes se respeten en los demás Estados contratantes.[112]

Así, y aún y cuando se mencionó anteriormente el significado de retención o sustracción de menores, el propio artículo 3° de la Convención en cita lo refiere de la siguiente manera:

> *El traslado o la retención de un menor se considerarán ilícitos:*
>
> *a) Cuando se hayan producido con infracción de un derecho de custodia atribuido, separada o conjuntamente, a una persona, a una institución, o a cualquier otro organismo, con arreglo al derecho vigente en el Estado en que el menor tenía su residencia habitual inmediatamente antes de su traslado o retención; y*
>
> *b) Cuando este derecho se ejercía en forma efectiva, separada o conjuntamente, en el momento del traslado o de la retención, o se habría ejercido de no haberse producido dicho traslado o retención*
>
> ** Se utiliza el término "Convenio" como sinónimo de "Convención".*[113]
>
> *(...)*

De igual manera, vale la pena citar que el propio artículo 3°, hace referencia a los supuestos en que se da el derecho de custodia al citar: "*El derecho de custodia mencionado en a) puede resultar, en particular, de una atribución de pleno derecho, de una decisión judicial o administrativa, o de un acuerdo vigente según el derecho de dicho Estado*", sin embargo, es el artículo 5° el que define el concepto al enunciar:

---

112 *Ibidem*, artículo 1°.

113 *Ibidem*, artículo 3°.

Artículo 5

A los efectos del presente Convenio:

a) el "derecho de custodia" comprenderá el derecho relativo al cuidado de la persona del menor y, en particular, el de decidir sobre su lugar de residencia;

b) el "derecho de visita" comprenderá el derecho de llevar al menor, por un período de tiempo limitado, a otro lugar diferente a aquel en que tiene su residencia habitual.

En tal sentido y dado que los conceptos antes referidos ya han sido explicados, no abundaré en el presente capítulo, por lo cual me centraré en el proceso de restitución de menores, resaltando su requisito de procedibilidad el cual se encuentra citado en el artículo 4º que refiere:

Artículo 4

El Convenio se aplicará a todo menor que tuviera su residencia habitual en un Estado contratante inmediatamente antes de la infracción de los derechos de custodia o de visita. El Convenio dejará de aplicarse cuando el menor alcance la edad de 16 años.

Este artículo resulta fundamental, ya que tal y como se refiere en el mismo, la residencia habitual del menor lo será la inmediata anterior al momento en que se cometió la infracción, esto es, a que fuera sustraído o retenido de manera ilícita a un domicilio diverso del habitual, así como el hecho que una vez que se cumpla la edad de 16 años, la Convención ya no será aplicable, lo cual llama la atención ya que aún y cuando siga siendo menor de edad numéricamente hablando un niño, niña o adolescente, por su condición de desarrollo evolutivo, cognoscitivo y madurez parecería que ya pueden tomar decisiones de donde quiere habitar y con quién.

Ahora bien, para efectos del cumplimiento de la propia Convención y por tanto del procedimiento de la restitución internacional, cada uno de los Estados contratantes designó una Autoridad Central en cada uno de los países parte, que será la encargada del cumplimiento de las obligaciones que se imponen en el instrumento a las partes y a quien se le deberán dirigir las solicitudes de restitución, destacando que cuando los Estados tengan organizaciones territoriales autónomas, éstos podrán designar más de una Autoridad Central atendiendo a cada extensión territorial, sin embargo, todas deberán colaborar entre sí y tendrán las siguientes obligaciones atendiendo a lo dispuesto por los artículos 6° y 7° de la misma:[114]

> *a)* *localizar al menor trasladado o retenido de manera ilícita;*
>
> *b)* *prevenir que el menor sufra mayores daños o que resulten perjudicadas las partes interesadas, para lo cual adoptarán o harán que se adopten medidas provisionales;*
>
> *c)* *garantizar la restitución voluntaria del menor o facilitar una solución amigable;*
>
> *d)* *intercambiar información relativa a la situación social del menor, si se estima conveniente;*
>
> *e)* *facilitar información general sobre la legislación de su país relativa a la aplicación del Convenio; f) incoar o facilitar la apertura de un procedimiento judicial o administrativo, con el objeto de conseguir la restitución del menor y, en su caso, permitir que se regule o se ejerza de manera efectiva el derecho de visita;*
>
> *g)* *conceder o facilitar, según el caso, la obtención de asistencia judicial y jurídica, incluida la participación de un abogado;*
>
> *h)* *garantizar, desde el punto de vista administrativo, la restitución del menor sin peligro, si ello fuese necesario y apropiado;*
>
> *i)* *mantenerse mutuamente informadas sobre la aplicación del presente Convenio y eliminar, en la medida de lo posible, los obstáculos que puedan oponerse a dicha aplicación.*

---

114 Véanse los artículos 6° y 7° de la Convención Sobre los Aspectos Civiles de la Sustracción Internacional de Menores.

En el caso de nuestro país, la Autoridad Central nombrada fue la Dirección de Derecho de Familia, de la Dirección General de Protección a Mexicanos en el exterior, perteneciente a la Secretaria de Relaciones Exteriores[115] y su función generalmente se circunscribe a la entrega de información a la autoridad competente (en nuestro caso generalmente es la judicial), ya sea en nuestro país o en el extranjero; sin embargo, su papel no sólo se limita a la entrega de información, sino que por el contrario, debe de realiza funciones de mediación para garantizar la restitución voluntaria del menor o facilitar una solución amigable entre las personas que ejercen la custodia o régimen de visitas sobre el menor y; en caso de no lograrlo, procederá a incoar o facilitar la apertura de un procedimiento judicial o administrativo.[116]

Al respecto, vale la pena señalar que lo antes citado se encuentra expresamente señalado en el artículo 7° de la Convención de La Haya, sin embargo, al solicitar información a la propia Secretaría de Relaciones Exteriores, mediante la plataforma de acceso a la información, la misma refirió que no tiene en su base de datos información alguna respecto de servicios de mediación para ofrecer en asuntos internacionales, y en concreto con los temas de sustracción de menores, y que al momento de la realización del presente libro, no se había realizado ninguna labor de mediación, lo cual llama la atención toda vez que aún y cuando se encuentra plasmado en la propia Convención de La Haya, en la práctica, tal supuesto simplemente no se aplica en nuestro país, más aún que la

---

115 Información disponible en: https://www.gob.mx/sre/acciones-y-programas/sustraccion-y-restitucion-internacional-de-las-y-los-menores y en https://www.hcch.net/es/states/authorities/details3/?aid=107, consultado el 14 de octubre de 2020.

116 Véase Artículo 7°de la Convención Sobre los Aspectos Civiles de la Sustracción Internacional de Menores.

propia Cancillería señala que el Estado mexicano no es parte de ningún instrumento de mediación, siendo la Convención de Singapur del 12 de septiembre del 2020, el único aplicable y que actualmente no entra en vigor para México, pero que cuando así lo sea, no implicará que la misma pudiera ofrecer servicios de mediación[117]. El presente punto se abundará más adelante ya que es un tema que llama la atención.

En tal sentido, las solicitudes que tienen como finalidad garantizar el ejercicio efectivo del derecho de visita, pueden presentarse ante las Autoridades Centrales de los Estados Contratantes, de la misma forma que la solicitud para la restitución del menor. Las Autoridades Centrales están sujetas a las obligaciones de cooperación establecidas en el artículo 7° de la Convención de La Haya y 7º de la Convención Interamericana, para asegurar el ejercicio pacífico del derecho de visita y el cumplimiento de todas las condiciones a que pueda estar sujeto el ejercicio de ese derecho; por lo que deberán adoptar las medidas necesarias para eliminar, en la medida de lo posible, todos los obstáculos para el ejercicio de ese derecho.[118]

Ahora bien, por lo que respecta al inciso "c", que refiere garantizar la restitución voluntaria del menor o facilitar una solución amigable; es el sustento del presente trabajo, el cual tiene como finalidad el plantear la mediación como un requisito que debería de incluirse en todo procesos de restitución internacional, ya que si bien es cierto que dicho numeral y el inciso referido lo plantean como una posibilidad, en la práctica al menos en nuestro país, no se da, hecho que además de complicar más el proceso de restitución, vulnera los derechos

---

117 Respuesta a la solicitud de acceso a la información de fecha 22 de diciembre del 2021, oficio núm. UDT-8610/2021, folio: 330026821000618.

118 Véanse los artículos 7º y 21 de la Convención Sobre los Aspectos Civiles de la Sustracción Internacional de Menores, y 7° de la Convención Interamericana Sobre Restitución Internacional de Menores.

del menor, ya que vuelve el proceso más traumático en muchas ocasiones, sin embargo, más adelante abundaré en el tema.

En este tenor, vale la pena resaltar que recientemente la Suprema Corte de Justicia de la Nación (noviembre del 2021), ha publicado el protocolo para juzgar con perspectiva de infancia y de adolescencia[119] en donde refiere que toda decisión jurisdiccional que afecte directa o indirectamente derechos de Niños, Niñas y Adolescentes, debe reconocer sus características propias y por ende, las personas juzgadoras deben proveer a éstos(as), un trato diferenciado y especializado durante el transcurso de todo el proceso, desde su inicio hasta el dictado y ejecución de la sentencia, haciendo también referencia al Consejo de Europa que ha sostenido que los principios y estándares de la justicia adaptada son aplicables en cualquier tipo de proceso judicial independientemente de la etapa o la materia e, incluso, en los procesos previos a la justicia como pueden ser los mecanismos alternativos de solución de controversias, la mediación o la adopción de resoluciones extrajudiciales, entre otros.

De esta forma, la mediación aún y cuando no se cita de manera explícita, si se refiere en el documento, lo cual reitera que efectivamente nuestro país se encuentra en un proceso para considerar los medios alternativos como una opción primordial en el proceso para solución cualquier controversia y más aún cuando intervengan niños, niñas y adolescentes por lo que la sustracción de éstos no es la excepción.

Así mismo llama la atención que, aunque han existido reformas constitucionales en materia de derechos humanos

---

119 Véase en el documento en su versión en línea en: Protocolo para juzgar con perspectiva de Infancia y Adolescencia | Unidad General de Conocimiento Científico y Derechos Humanos (scjn.gob.mx), consultado el 27 de diciembre de 2021.

(2011) y en particular de los medios alternativos de solución de controversias (2008), los impartidores de justicia, simple y sencillamente parece que aún no se encuentran del todo preparados para aplicarlos o bien no las aplican como debieran, ya que es un tema que lleva algunos años y aunque hay diversas leyes al respecto, existen varias jurisprudencias dictadas en relación al tema y si se ha publicado dicho protocolo que aclara temas como son el del interés superior del menor, la igualdad, el derecho a la identidad, la guarda y custodia, medidas de protección y alimentos entre otros, resulta claro que es porque su aplicación no es del todo eficiente, por lo cual es un tema en el que debemos de poner especial atención y resaltar, ya que bien pueden ser un mecanismo por demás eficiente para resolver cualquier conflicto tal y como se verá más adelante.

3.1. ETAPAS DE LA RESTITUCIÓN

El procedimiento de restitución del Convenio de La Haya de 1980 sobre sustracción de menores, se regula de los artículos 8 al 20 y se integra básicamente por dos etapas: una administrativa y/o una judicial como se refirió anteriormente, mismas que conforme a lo dispuesto en el artículo 8° de la Convención de La Haya y 9° de la Convención Interamericana,[120] se inicia mediante la presentación de una solicitud de restitución ante la Autoridad Central del país de residencia habitual del menor o de cualquier otro Estado contratante.

Dicha solicitud debe contener, por lo menos, la información relativa a la identidad del solicitante, del menor y de la

120 Véanse los artículos 8° de la Convención Sobre los Aspectos Civiles de la Sustracción Internacional de Menores y 9° de la Convención Interamericana sobre Restitución Internacional de Menores.

persona que se alega que ha sustraído o retenido al menor; la fecha de nacimiento del menor; los motivos en que se basa el solicitante para reclamar la restitución de éste; así como, toda la información disponible relativa a la localización del menor y la identidad de la persona con la que se supone que está el menor.[121]

Una vez que la Autoridad Central recibe una solicitud de restitución de un menor, y tiene razones para creer que el menor se encuentra en otro Estado contratante, debe transmitir la solicitud directamente y sin demora a la Autoridad Central de éste, e informar a la Autoridad Central requirente;[122] de esta forma, la Autoridad Central del Estado donde se encuentre el menor tiene la obligación de adoptar todas las medidas adecuadas, tendientes a conseguir la restitución voluntaria del menor.[123]

3.2. PLAZOS

Las autoridades judiciales o administrativas de los Estados contratantes deben actuar con urgencia en los procedimientos para la restitución de los menores, por lo que si la autoridad judicial o administrativa competente no llega a una decisión en el plazo de seis semanas a partir de la fecha de iniciación de los procedimientos, el solicitante de la restitución o la Autoridad Central del Estado requerido, por su propio derecho o a

---

[121] Los formatos emitidos por la Secretaría de Relaciones Exteriores para solicitar la restitución internacional de menores, se pueden revisar en el sitio web de la propia Secretaría, visible en el link: https://www.gob.mx/cms/uploads/attachment/file/84521/Formato_restitucion.pdf, consultado el 15 de noviembre de 2021.

[122] Artículo 9°de la Convención de la Haya Sobre los Aspectos Civiles de la Sustracción Internacional de Menores.

[123] *Ibidem*, artículo 10°.

instancia de la Autoridad Central del Estado requirente, tiene derecho a pedir una declaración sobre las razones de la demora; en caso de que la Autoridad Central del Estado requerido recibiera una respuesta, debe transmitirla inmediatamente a la Autoridad Central del Estado solicitante.[124]

Vale la pena comentar que aún y cuando los plazos de la Convención de La Haya son claros en el artículo 11°, la realidad es que, al menos en nuestro país, estos términos son utópicos ya que ningún asunto inherente a una restitución se resuelve en el plazo de seis semanas, ya que adicionado a la parte burocrática, los términos legales y la carga de trabajo en los juzgados familiares, hace prácticamente imposible que se cumpla a cabalidad el término referido, por lo cual hay que tomar el mismo con reserva, más aún si tomamos en cuenta que toda resolución se podrá impugnar por la vía del amparo, por lo cual el término referido fácilmente se puede extender por meses o incluso años.

Ahora bien, por lo que respecta al plazo que se tiene para presentar la solicitud de restitución de un menor a fin que la autoridad ordene la restitución inmediata a su país de residencia, dicho término es de un año, contado a partir de que se realizó la sustracción o la retención ilegal; es decir, si no ha transcurrido el plazo de un año entre la sustracción o retención ilegal y la presentación de la solicitud de restitución, ante la autoridad judicial o administrativa del Estado Contratante donde se halla el menor, dicha autoridad debe ordenar de manera inmediata la restitución de éste a su país de habitual, conforme a lo dispuesto en el artículo 11, pudiendo el juzgador valorar tal supuesto acorde al interés superior del niño, niña o adolescente.

---

[124] *Ibidem*, artículo 11°.

En el presente, es de señalar, que solamente si dicho artículo se relaciona de manera armónica con el artículo 1 y el 7, es que se puede lograr el objetivo central de la Convención de La Haya, en el entendido que se podría garantizar la restitución de manera voluntaria, sin vulnerar los derechos de los niños, niñas o adolescentes, causándoles el menor de los daños y siempre buscando una solución amigable a fin de respetar los plazos pactados en la misma, por lo cual, a mi entender debería de existir y promoverse la mediación en dicho procedimiento de restitución como parte integral del mismo, hecho que en la práctica al menos en nuestro país, no se da.

Al respecto, vale la pena precisar que incluso la propia Conferencia de La Haya como órgano principal de la normatividad universal de la materia, ha realizado diversas actividades desde su Consejo de Asuntos Generales y Políticas a fin de mejorar estos puntos entre otros más a fin que sus convenios sean más prácticos, por lo que incluso ha realizado estudios de factibilidad sobre mediación transfronteriza en asuntos familiares, realizando "una Guía de Buenas Prácticas" sobre el uso de la mediación en el contexto del Convenio de La Haya del 25 de octubre de 1980 sobre aspectos civiles de la sustracción internacional de menores.

De esta forma, acorde a la Guía antes citada, se debe poner especial atención a la situación práctica del asunto en cuestión, por lo que se ha aprobado incluso la propuesta de la Oficina Permanente para que la Guía de Buenas Prácticas sobre la mediación en el contexto del Convenio busque el asesoramiento de expertos y la inclusión de ejemplos de acuerdos obtenidos en el marco de la mediación y de medios alternativos de solución de controversias de manera pacífica invocando en todo momento este artículo 7° y 10° de la Convención.[125]

---

[125] Véase González Martín, Nuria y Portal Solís, Emilia Guadalupe, *Medios Alternativos de Resolución de Disputas*, págs. 469 y 470, en Tenorio

En tal sentido, resulta claro que al ser la mediación un procedimiento voluntario como se verá más adelante, fomentar la cultura de ésta y aplicarla de manera correcta, logrará evitar disputas jurisdiccionales, para lo cual es menester, que cuando las partes no quieran acudir a ella de manera espontánea se busque la forma de implementarla como una etapa dentro del propio procedimiento jurisdiccional para que en su caso, sea una forma real y eficaz de llegar a ella y con esto evitar conflictos largos, costosos y sobre todo traumáticos para las partes.

Es este mismo orden de ideas, el artículo 12 de la propia Convención de La Haya también prevé que en el caso que el procedimiento de restitución se hubiere iniciado después de expirado el término de un año, igualmente se procederá a la restitución del menor, salvo que quede demostrado que el menor ha quedado integrado en su nuevo entorno.[126]

El numeral citado, debe interpretarse en el sentido que si bien es cierto el propio artículo 12 de la Convención de La Haya menciona que aún y cuando el plazo de un año refiere al término para la presentación de la solicitud, el mismo no es fatal, ya que igualmente procedería la restitución del menor a menos que éste ya se encuentre identificado con su nuevo entorno, lo cual impediría la misma y por tanto, se debe entender lo citado como una excepción de la restitución cuando se presenta la solicitud posterior al año en que se suscitó el evento de sustracción o retención ilegal.

Lo ya referido, igualmente se encuentra dentro de la Convención Interamericana sobre Restitución Internacional de Menores, en su artículo 14, sin embargo, en el mismo se señala

---

Godínez, Lázaro, Rubaja Nieve, Florencia (coords.), *Cuestiones complejas en los procesos de restitución internacional de Niños en Latinoamérica*, Editorial Porrúa, 2017.

126 *Ibidem*, artículo 12°.

que los procedimientos de restitución deberán ser instaurados dentro del plazo de un año calendario, contado a partir de la fecha en que el menor hubiere sido trasladado o retenido ilegalmente, lo cual refleja una pequeña variante.

Del mismo modo, se debe decir que al ser procedimientos que solo se pueden realizar en los Estados Contratantes, cuando un menor se traslade a otro Estado, se interrumpirá el procedimiento o bien, en su caso rechazará la solicitud presentada de conformidad con el último párrafo del artículo 12 de la Convención de La Haya.

En este tenor, resalta igualmente lo mencionado en el artículo 14 de la Convención Interamericana que señala que cuando se desconozca el paradero del menor, el plazo se computará a partir del momento en que fuere preciso y efectivamente localizado y al igual que el Convenio de La Haya citado, aclara que por excepción, el vencimiento del plazo de un año no impide que se acceda a la solicitud de restitución si a criterio de la autoridad requerida lo justifican las circunstancias del caso, al menos que se demostrare que el menor se ha integrado a su nuevo entorno.[127]

3.3. EXCEPCIONES

Tal y como se mencionó anteriormente, la propia Convención refiere casos de excepción para realizar la restitución internacional, los cuales están señalados en los artículos 13 de la Convención de La Haya y 11 de la Convención Interamericana respectivamente, mismos que prevén tres supuestos en donde la autoridad judicial o administrativa del Estado requerido, no

---

[127] Véase el artículo 14 de la Convención Interamericana Sobre Restitución Internacional de Menores.

está obligada a ordenar la restitución del menor y que son los siguientes:

a) *El primero de ellos consiste en que, si la persona, institución u organismo que se hizo cargo del menor, no ejercía de modo efectivo el derecho de custodia en el momento en que fue trasladado o retenido, o si en su caso se había consentido o posteriormente aceptado el traslado o retención;*

b) *La segunda hipótesis, se presenta cuando existe un grave riesgo de que la restitución del menor lo exponga a un peligro físico o psíquico, o que de cualquier otra manera ponga al menor en una situación intolerable;*

c) *el tercer supuesto se refiere a la posibilidad de que se compruebe que el propio menor se opone a su restitución, cuando éste haya alcanzado una edad y un grado de madurez en que resulta apropiado tener en cuenta sus opiniones.*[128]

Adicionalmente a lo antes señalado, es importante señalar que, ambos instrumentos internacionales dejan de surtir efectos cuando el menor ha cumplido los 16 años de edad;[129] supuesto en el que será necesario tomar en consideración la opinión del menor. Este punto es importante resaltarlo ya que a dicha edad es cuando se puede considerar que el menor ya tiene una edad suficiente para comprender las consecuencias que traerá su decisión y en su caso, la misma debe de aceptarse por los juzgadores al resolver la restitución planteada.

Sobre las hipótesis que se han enumerado y que se prevén en los artículos 13 de la Convención de La Haya y 11 de la Convención Interamericana, la Primera Sala de la Suprema

---

[128] Véase el artículo 13 de la Convención Sobre los Aspectos Civiles de la Sustracción Internacional de Menores.

[129] Véanse los artículos 4° de la Convención Sobre los Aspectos Civiles de la Sustracción Internacional de Menores y 2° de la Convención Interamericana Sobre Restitución Internacional de Menores.

Corte de Justicia de la Nación, se ha pronunciado al respecto, señalando en la tesis[130] "SUSTRACCIÓN INTERNACIONAL DE MENORES. LAS EXCEPCIONES A LA RESTITUCIÓN INMEDIATA PREVISTAS EN EL CONVENIO DE LA HAYA DEBEN SER INTERPRETADAS DE MANERA ESTRICTA Y APLICADAS DE FORMA EXTRAORDINARIA", que no obstante que la restitución inmediata del menor constituye la regla general para la protección de los menores sustraídos, el sistema previsto por el Convenio de La Haya tiene como eje rector el principio del interés superior del menor, por lo que resulta necesario admitir que el traslado de un niño puede en ocasiones estar justificado por razones objetivas relacionadas con su persona o con el entorno que le era más próximo.

Por lo ya expuesto, resulta claro que el propio Convenio reconoce ciertas excepciones extraordinarias a la obligación general asumida por los Estados contratantes de garantizar el retorno inmediato de los menores trasladados o retenidos de forma ilícita. Sin embargo, el margen de discrecionalidad que corresponde a la autoridad competente del Estado receptor para resolver la solicitud de sustracción debe quedar reducido a su mínima expresión debido a la obligación que sobre ella recae en la labor de determinación del interés superior del menor.

Así, se ha dicho que el interés superior del menor debe girar en principio en torno a su inmediata restitución, a menos que quede plenamente demostrada alguna de las excepciones extraordinarias que se señalan en el propio Convenio, las cuales deben ser interpretadas por los operadores jurídicos de la

---

130 Tesis: 1a. XXXVII/2015 (10ª.), "*Semanario Judicial de la Federación y su Gaceta*", Décima Época, Primera Sala, Libro 15, Febrero de 2015, Tomo II, página 1420, Registro: 2008419, disponible en el sitio web de la Suprema Corte de Justicia de la Nación, en el link: Detalle–Tesis–2008419 (scjn.gob.mx), consultado el 25 de octubre del 2017.

forma más restringida para garantizar su correcta aplicación y no hacer nugatorios los objetivos del Convenio.

Por lo que una vez resuelta la solicitud de restitución de un menor y en caso de que se haya determinado su procedencia, la autoridad competente del país que realizó la solicitud, resolverá lo conducente en relación al ejercicio de la custodia del menor.

Mención especial merece el artículo 14 de la Convención de La Haya, que refiere que para determinar la existencia de un traslado o de una retención ilícito, las autoridades judiciales o administrativas del Estado requerido podrán tener en cuenta la normatividad y las decisiones judiciales o administrativas del Estado de la residencia habitual del menor, sin tener que recurrir a procedimientos concretos para probar la vigencia de esa legislación o para el reconocimiento de las decisiones extranjeras que de lo contrario serían aplicables,[131] lo cual es un punto a considerar y que refiere a la normatividad aplicable en las restituciones ya que si bien es cierto la normatividad que tomarán en cuenta será la de país del Estado requerido, el presente abre una ventana para que bien se pueda tomar en cuenta no solo la legislación del requirente, sino también decisiones administrativas o judiciales incluso, lo anterior a fin de siempre velar en aras del interés superior de los niños, niñas y adolescentes.

En este mismo orden de ideas y si bien es cierto que la obligación primordial de los Estados requeridos consiste en la restitución del menor según el artículo 15 de la propia Convención, también lo es, que cuando existe duda por parte de la autoridad requerida, podrá antes de emitir una orden para la restitución de éste(a), pedir que el solicitante obtenga de las autoridades del Estado de residencia habitual del menor

---

[131] Véase el artículo 14 de la Convención Sobre los Aspectos Civiles de la Sustracción Internacional de Menores.

una decisión o una certificación que acredite que el traslado o retención fue ilícito según lo previsto en el Artículo 3 del Convenio.[132]

Lo antes citado, llama la atención ya que los canales de comunicación siempre serán a través de las autoridades debidamente autorizadas en los convenios firmados entre los Estados parte, lo cual resalta, ya que si la autoridad requerida tiene duda que exista un traslado o retención ilegal, la misma se puede corroborar después de aceptada la solicitud respectiva, lo que en mi opinión parece contradictorio, ya que si fuere el caso que no existiera la supuesta retención o sustracción ilegal, ni si quiera debería de dársele tramite a la solicitud de inicio por parte de la Autoridad del país requirente.

Ahora bien, por lo que respecta a la funciones que deben realizar las autoridades del Estado requerido, es importante señalar que éstas deben limitarse a la restitución del menor al país de su residencia habitual, sin que deban decidir sobre las cuestiones de fondo de los derechos de custodia ni ningún otro, debiendo en todo caso hacerlo hasta que se haya determinado que no se han reunido los presupuestos y condiciones del Convenio para la restitución del menor o en su caso, hasta que haya transcurrido un período de tiempo razonable sin que se haya presentado una solicitud en virtud del Convenio[133], hecho que resalta en el sentido que la única obligación del Estado requerido es, ordenar la restitución salvo los casos de excepción ya citados en el artículo 13.

Como se mencionó en el párrafo que antecede, el Estado requirente no podrá resolver respecto de las cuestiones de custodia del menor, sin embargo, si existiere una decisión relativa a la custodia de éste o bien, cualquiera decisión que pueda

---

[132] *Ibidem,* artículo 15.

[133] *Ibidem,* artículo 16.

ser reconocida en el Estado requerido, este hecho no podrá justificar la negativa para restituir a un menor, pudiendo sin embargo las autoridades judiciales o administrativas del Estado requerido tomar en cuenta tal circunstancia para sustentar la decisión al momento de resolver la restitución, no debiéndose limitarse sus facultades al aplicar el Convenio.[134]

Otro punto importante es el relativo a los efectos que produce la restitución internacional de menores en relación al derecho de custodia o de visitas del padre o madre sustractor, ya que de ninguna manera dichos derechos se verán afectados; ya que tal y como lo señaló la Primera Sala de la Suprema Corte de Justicia de la Nación en la Tesis 1a. CCLIII/2016 (10ª.),[135] el otorgamiento de la restitución no implica la permisión de que el menor y el progenitor que lo sustrajo o retuvo ilegalmente sean separados indefinidamente, por lo que no podrán suprimirse sus derechos a la convivencia ya que el menor tiene derecho a convivir con ambos progenitores y aún y cuando se ordene la restitución de un menor, éste generalmente se reintegrará con el/la progenitor (a) del cual fue separado; en tal sentido la restitución necesariamente traerá como consecuencia que sea separado del progenitor que lo sustrajo o retuvo ilegalmente, a fin de que sea devuelto al Estado que lo reclama.

Lo cierto es que dicha separación no es definitiva, ya que los/las progenitores/as tienen derecho de comparecer ante las autoridades competentes en ese Estado, a fin de que se decida en definitiva quién de ellos/as debe ejercer la guarda

---

134 *Ibidem,* artículos 17 y 18.

135 Tesis: 1a. CCLIII/2016 (10ª.), *Semanario Judicial de la Federación y su Gaceta,* Época: Décima Época, Primera Sala, Libro 36, noviembre de 2016, Tomo II, página 893, Registro: 2013135, disponible en el sito web de la Suprema Corte de Justicia de la Nación, en el link: Detalle–Tesis–2013135 (scjn.gob.mx), consultado el 25 de octubre del 2017.

y custodia, así como quién debe, en su caso, sujetarse a un régimen de visitas o convivencias, máxime que el artículo 19 de la Convención en comento, es determinante en señalar que la decisión adoptada en virtud de la restitución del menor, no afectará la decisión de fondo del derecho de custodia; criterio que igualmente se sustenta en términos de los artículos 1, inciso a) y 5, inciso b), de la propia Convención que refiere que los Estados Parte están obligados a velar por que los derechos de custodia y visita se respeten.

De esta forma si se considera que el derecho de visita comprende el de llevar al menor por un tiempo limitado a otro lugar diferente de aquel en que tiene su residencia habitual; en consecuencia, la Convención sobre los Aspectos Civiles de la Sustracción Internacional de Menores no suprime el derecho de convivencia entre el menor y el progenitor sustractor o retenedor.

En tal sentido, la única limitante a lo señalado en el párrafo que antecede, es la mencionada en el artículo 20 de la Convención, que faculta a los Estados parte a que puedan denegar una restitución, si la misma afecta los principios fundamentales del Estado requerido en materia de protección de los derechos humanos y de las libertades fundamentales y/o en su caso se vulnere el interés superior del menor.[136]

3.4. DERECHO DE VISITA

Tal y como se refirió anteriormente, si bien es cierto que la finalidad del Convenio es la restitución de menores que han sido objeto de retención o sustracción ilegal, el mismo, también puede ser utilizado a fin que los requirentes puedan solicitar su derecho a visitas y convivencias en la misma forma

---

136 *Ibidem,* artículo 20.

en la que se solicita la restitución internacional, siempre respetando la organización y el respeto de la garantía de dichos derechos, tanto del progenitor como del menor, por lo que las Autoridades Centrales de los Estados deben de emplear todos los mecanismos para que éstas puedan desarrollarse en pro del beneficio del menor y de las partes afectadas, cooperando entre ellas.[137]

3.5. DISPOSICIONES GENERALES

Atendiendo a la naturaleza del acto que se combate, resulta claro que la persona que solicite la restitución del menor a su residencia habitual, la podrá hacer sin que se le exija fianza, depósito o cualquier garantía o contraprestación semejante que sirva para garantizar el pago de los gastos y costas del procedimiento solicitado, por lo cual, no debe existir ningún tipo de formalidad más que en su caso el apostillamiento y traducción de los documentos solicitados al idioma del país requerido, o si existen varios, al oficial, a fin que cuando se solicite la restitución solicitada, la Autoridad Central requerida pueda contar con los elementos suficientes para la misma.[138]

Lo anterior en el entendido que los idiomas oficiales para la Convención serán el inglés y el francés, sin embargo, cada Estado bien puede formular una reserva expresa al Convenio a fin de oponerse a utilizar un idioma de los dos, pero no ambos, tomando en cuenta que dichos idiomas son de los más hablados en el mundo.

Del mismo modo, todos los Estados contratantes tienen la obligación de brindarle asesoramiento jurídico y asistencia judicial a los nacionales de los otros Estados parte que vivan

---

137 *Ibidem*, artículo 21.

138 *Ibidem*, artículos 22, 23 y 24.

en su territorio[139]. Así mismo, cada Estado sufragará sus gastos administrativos y de impartición de justicia, para lo cual, si en su caso cada parte quiere contratar asesoría privada, evidentemente tendrá que erogar dichos pagos, en el entendido que los Estados parte, sufragarán en la medida de sus posibilidades su gastos a menos que estos sean excesivos y no puedan realizarse por los Estados, salvo que exista una reserva expresa de cada Estado que refiera lo contario, en el entendido que los únicos gastos que no están contemplados son los del traslado de la restitución del menor, los cuales deberán ser cubiertos por el solicitante.[140] En este sentido, países como Argentina, cuentan como un fondo para cubrir cualquier asunto inherente a restitución internacional tal y como se verá en el capítulo de Derecho comparado.

Al respecto de lo señalado en el párrafo que antecede, vale la pena señalar que también están facultadas las autoridades administrativas o judiciales de los Estados requeridos, de imponer a quien realizó la sustracción, retención del menor o impidió el derecho de visitas, la sanción de pagar todos los gastos ocasionados por el mismo, lo cual bien podrá hacerse al resolver la petición o al otorgar su derecho de visitas según lo dispuesto en el artículo 26 de la Convención. En este punto hay que resaltar que aún y cuando la propia Convención señala tal situación, en la práctica difícilmente se lleva a cabo toda vez que la persona que ha iniciado la restitución tiene como principal finalidad el retorno del menor a su lugar de residencia habitual y no tanto el económico, aunque es una posibilidad que el propio Convenio refiere.

Hay que recordar que la interpretación del Convenio sobre los Aspectos Civiles de la Sustracción de Menores corresponde a cada Estado, por lo cual, cuando la solicitud de restitución

---

[139] *Ibidem*, artículo 25.

[140] *Ibidem*, artículo 26.

carezca de fundamento, la Autoridad Central requerida informará inmediatamente al o la solicitante o a quien presentó la misma los motivos del rechazo, pudiendo igualmente la primera, solicitar poder para actuar en nombre del solicitante o bien designar a alguien que lo pueda representar, sin que lo anterior excluya que cualquier persona, institución u organismo que refiera que ha habido una violación al derecho de custodia o de visita previstos en los artículos 3° y 21 de la propia Convención, pueda igualmente reclamar ante las autoridades del Estado requerido.[141]

En tal sentido, vale la pena resaltar lo que dice el artículo trigésimo del Convenio al señar que toda solicitud dirigida ante las Autoridades Centrales o directamente a las autoridades judiciales o administrativas de un Estado contratante, igualmente puede presentarse ante cualquiera de los Estados contratantes, sin embargo, en la práctica esto no sucede, ya que siempre se presenta y se valida ante la Autoridad Central del lugar de residencia del menor para que ésta a su vez la remita a la Autoridad Central del lugar en donde se encuentre el menor sustraído o retenido ilícitamente,[142] hecho que muchas veces dilata más el procedimiento, ya que limita en la práctica el agilizar el procedimiento con trámites administrativos desde el lugar de residencia del menor en lugar del domicilio en donde actualmente se encuentra.

Ahora bien, cuando existan dos o más sistemas jurídicos aplicables en materia de custodia en unidades territoriales, se interpretará el de la unidad territorial cuando se refiera a la residencia habitual y la de la unidad territorial del Estado donde habita el menor cuando se refiera a la ley de la residencia habitual, pero cuando el Estado tenga dos o más sistemas jurídicos aplicables a diferentes categorías de personas, las referencias a

141 *Ibidem*, artículo 27, 28 y 29.

142 *Ibidem*, artículo 30.

la ley del Estado se entenderá como la del sistema de Derecho especificado por el mismo Estado.

En este mismo sentido, la propia Convención señala la excepción que cuando un Estado tenga diferentes unidades territoriales y cada uno tenga sus propias normas jurídicas no estará obligado a aplicar el Convenio si no lo está el Estado por tener un sistema unificado de Derecho,[143] hecho que en su caso siempre favorecerá al solicitante ya que de antemano sabrá que normatividad será la aplicable en cada caso evitando con ello confusiones adicionales a las ya citadas de tener que adecuar el Convenio a la normatividad de cada Estado parte.

Así mismo la propia Convención señala que el citado instrumento tendrá prioridad en su aplicación sobre el Convenio del 5 de octubre de 1961, referente a la Competencia de las Autoridades y Ley Aplicable en materia de Protección de Menores en lo relativo a la sustracción de éstos, sin que ello lo limite en los demás temas y solo en los casos en que las retenciones o sustracciones sean posteriores a la entrada en vigor del mismo, pudiendo en su caso los Estados parte, tener sus propios acuerdos y tratados en específico[144] y que evidentemente favorecerán las cuestiones culturales, de usos y costumbres propias de regiones específicas o incluso de continentes.

3.6. CLÁUSULAS FINALES

Por lo que respecta a la última sección del Convenio en comento, el mismo refiere que estará abierto a la firma de los Estados que fueron miembros de la Conferencia de La Haya de Derecho Internacional Privado en su decimocuarta sesión para su debida ratificación, aceptación o aprobación mediante

---

143 Véase *Ibidem*, artículos 31, 32 y 33.

144 *Ibidem*, artículos 34, 35 y 36.

los instrumentos señalados, los cuales se depositarán ante el Ministerio de Asuntos Exteriores del Reino de los Países Bajos, refiriendo que cualquier otro Estado que no haya sido parte de la citada Conferencia, podrá adherirse al mismo y que dicha adhesión será depositada ante el mismo Ministerio, entrando en vigor el primer día del tercer mes del calendario siguiente al depósito de su instrumento de adhesión, teniendo sólo tendrá efectos para las relaciones entre el Estado que se adhiera y aquellos Estados Contratantes que hayan declarado aceptar esta adhesión siempre que sea ratificada, aceptada o aprobada con posterioridad.[145]

Del mismo modo si un Estado tiene a su cargo las relaciones exteriores de otros territorios, seguirá el mismo procedimiento descrito en el párrafo que antecede y para el caso que tenga dos o más unidades territoriales en donde se apliquen sistemas de derecho distintos en relación con las materias de que trata el referido convenio, podrá declarar, en el momento de la firma, ratificación, aceptación, aprobación o adhesión, que el citado Convenio se aplicará a todas sus unidades territoriales o solo a una o varias de ellas y podrá modificar esta declaración en cualquier momento, para lo que habrá de formular una nueva declaración.[146]

Sin embargo, cuando un Estado Contratante tenga un sistema de gobierno en el cual los poderes ejecutivo, judicial y legislativo estén distribuidos entre las autoridades centrales y otras autoridades dentro de dicho Estado, la firma, ratificación, aceptación, aprobación o adhesión del presente Convenio, o la formulación de cualquier declaración conforme a lo dispuesto en el Artículo 40, no implicará consecuencia alguna en cuanto a la distribución interna de los poderes en dicho Estado, pudiendo incluso cada Estado formular una o las dos

---

[145] *Ibidem,* artículos 37 y 38.

[146] *Ibidem,* artículos 39 y 40.

reservar previstas en el Artículo 24 y en el tercer párrafo del Artículo 26 (referentes a la aceptación idioma inglés o francés), a más tardar en el momento de la ratificación, aceptación, aprobación o adhesión o en el momento de formular una declaración conforme a lo dispuesto en los Artículos 39 o 40 y con posterioridad a la misma, ya no se permitirá ninguna otra reserva, la cual podrá retirarse en cualquier momento y su retiro será igualmente ante el Ministerio de Relaciones Exteriores del Reino de los Países Bajos.[147]

En tal sentido, el Convenio entrará en vigor el primer día del tercer mes del calendario siguiente al depósito del tercer instrumento de ratificación, aceptación, aprobación o adhesión a que se hace referencia en los Artículos 37 y 38, aplicándose lo mismo para el caso de cada Estado y/o para los territorios o unidades territoriales a los que se haya extendido el Convenio de conformidad con el Artículo 39 o 40, resaltando que en este caso se hará, el primer día del tercer mes del calendario siguiente a la notificación respectiva.[148]

Ahora bien, en cuanto a la vigencia del mismo, lo será por 5 años y si no hubiera denuncia se renovará tácitamente, debiéndose hacer ésta con al menos 6 meses a que se cumplan los cinco años ante el Ministerio de Asuntos Exteriores del Reino de los Países Bajos, pudiendo limitarse ya sea por territorio o unidad territorial si así fuere el caso.[149]

Con lo ya citado, resultan claros los mecanismos de adhesión, aceptación, ratificación o aprobación del Convenio de La Haya de 1980 sobre sustracción de menores, ante que autoridad debe de presentarse la misma, así como las jurisdicciones en las que se puede aplicar y su periodo de vigencia la cual

---

147 *Ibidem,* artículos 41 y 42.

148 *Ibidem,* artículo 43.

149 *Ibidem,* artículo 44.

reiteramos es de 5 años, periodo que en todo momento podrá renovarse por un periodo igual, por lo que no existe por la que abundar al respecto.

De igual modo, es evidente que el Convenio en cita hace referencia de manera genérica a como se debe de aplicar el mismo, sin embargo y como se ha reiterado, cada Estado parte es el que debe de adecuarlo a su sistema por lo cual siempre existirán diferentes criterios de aplicación, debiendo siempre respetar los términos citados de su presentación y sus respectivas excepciones que ya han sido citadas, siempre en aras del interés superior del menor.

De esta forma, de una lectura del articulado del Convenio, es evidente el objetivo, sin embargo, al adecuarlo al sistema de cada Estado es en donde surgen las problemáticas propias del lugar y de cada sistema jurisdiccional o administrativo según la etapa en la que se encuentre, por lo cual y si la finalidad del mismo es precisamente el retorno del menor al lugar de residencia, siempre velando por su interés superior, resulta claro que el buscar los mecanismos para lograr que dicho traslado sea lo más amigable para el menor, es algo que todos los Estados parte deben de buscar, por lo que, la mediación insistimos, debería de ser un punto integral de dicho procedimiento y no solamente mencionarlo o sugerirlo de manera superficial como es el caso.

Así las cosas y si el numeral primero en relación con el décimo tercero inciso c, refieren el objetivo y finalidad de toda restitución, la cual es garantizar la misma de forma inmediata, velando por los derechos de custodia y visita y siempre salvaguardando el interés superior del menor, resulta claro que todo Estado deberá de hacer lo posible para que ésta sea lo más amigable y menos traumática para el menor tomando en cuenta las consideraciones de cada caso y buscando que se protejan en todo momento los derechos de éste y de esta forma, también los de sus progenitores o personas que tengan la guarda y custodia.

En este orden de ideas y si cada Estado parte debe de adecuar el numeral ya citado a su propio ordenamiento, pues se debe buscar el implementar los mecanismos que puedan facilitar el citado traslado respetando los plazos y si uno de éstos puede ser la mediación, resulta claro que se debe buscar la implementación dentro de dicho procedimiento, máxime que en el caso de nuestro país, en el artículo 25 de la Ley General de los Derechos de Niñas, Niños y Adolescentes se refiere tal obligación por parte del Estado al señalar:

> *Artículo 25. Las leyes federales y de las entidades federativas contendrán disposiciones para prevenir y sancionar el traslado o retención ilícita de niñas, niños y adolescentes cuando se produzcan en violación de los derechos atribuidos individual o conjuntamente a las personas o instituciones que ejerzan la patria potestad, la tutela o la guarda y custodia, y preverán procedimientos expeditos para garantizar el ejercicio de esos derechos.*
>
> *En los casos de traslados o retenciones ilícitas de niñas, niños y adolescentes fuera del territorio nacional, la persona interesada podrá presentar la solicitud de restitución respectiva ante la Secretaría de Relaciones Exteriores, para que ésta lleve a cabo las acciones correspondientes en el marco de sus atribuciones, de conformidad con lo dispuesto en los instrumentos internacionales y demás disposiciones aplicables.*
>
> *Cuando las autoridades de las entidades federativas tengan conocimiento de casos de niñas, niños y adolescentes de nacionalidad mexicana trasladados o retenidos de manera ilícita en el extranjero, se coordinarán con las autoridades federales competentes, conforme a las demás disposiciones aplicables, para su localización y restitución.*
>
> *Cuando una niña, niño o adolescente sea trasladado o retenido ilícitamente en territorio nacional, o haya sido trasladado legalmente pero retenido ilícitamente, las autoridades federales, de las entidades federativas, municipales y de las demarcaciones territoriales de la Ciudad de México, en el ámbito de sus respectivas competencias, estarán obligadas a coadyuvar en su localización, a través de los programas para la búsqueda, localización y recuperación, así como en la adopción de todas las medidas necesarias para prevenir que sufran mayores daños y*

> *en la sustanciación de los procedimientos de urgencia necesarios para garantizar su restitución inmediata, cuando la misma resulte procedente conforme a los tratados internacionales en materia de sustracción de menores.*

De esta forma, resulta claro que es una obligación por parte del Estado mexicano el buscar medidas y procedimientos que busquen salvaguardar el interés superior de los niños, niñas y adolescentes en los juicios en donde intervengan, siendo por ello, la mediación una forma de solución a las complicaciones que por sí mismas ya supone el proceso de sustracción.

Al respecto, no hay que olvidar que la propia génesis de la Convención es la restitución de los menores a su lugar de residencia habitual sin resolver cuestiones de fondo del conflicto familiar, dejando de un lado aspectos como la guarda y custodia y los alimentos entre otros, los cuales deben ser resueltos por la autoridades del lugar de residencia habitual del menor, sin embargo, al fomentar los medios alternativos de solución de controversias y en particular la mediación en este tipo de problemas, resulta más que claro que también se pueden resolver estas cuestiones de fondo, toda vez que si se desentraña el origen de la problemática, se pueden terminar las diferencias que existen entre las partes y que fueron aquellas que derivaron en la sustracción, por lo que, resulta evidente que resolviendo dichos puntos, también se solucionará el conflicto en su totalidad.

Incluso y con motivo de la pandemia que estamos sufriendo, se han tratado de implementar por parte de la Oficina Permanente de la HCCH, la “Guía de Herramientas de la HCCH para el COVID-19”, la cual describe el conjunto de instrumentos y recursos de la HCCH en respuesta mundial ante el COVID-19, y que busca sin entrar en el ámbito de interpretación o aplicación del Convenio HCCH sobre Sustracción de Niños de 1980, el cual como mencionamos le compete a cada Estado, proponiendo que la mediación sea promovida junto con otros métodos alternativos de resolución de conflictos, aprovechando la tecnología de la información, electrónica y de las comunicaciones, cuando sea posible, a fin de lograr las resoluciones amigables, pudiendo en su caso celebrarse audiencias virtuales y convenios en archivos electrónicos, garantizando la igualdad entre las partes siempre en condiciones de igualdad entre otros puntos más[150].

Así y como se verá más adelante, hay que realizar un estudio integral de la mediación, de sus normas, su aplicación y como de manera transversal impacta y puede solucionar otros problemas que afecten a la familia en el caso concreto a los niños, niñas y adolescentes y que fueron como ya citamos, la causa de la sustracción de estos(as), por lo cual, es un aspecto a tomar en cuenta y que bien puede evitar conflictos jurisdiccionales largos, costosos y desgastantes para todos los integrantes.

---

150 Para más información, véase la Guía de Herramientas para el Convenio HCCH sobre Sustracción de Niños de 1980 en Tiempos de Covid-19, disponible en el sitio web de la Convención de la Haya, el link: https://assets.hcch.net/docs/3a0aceaf-a251-4eaa-a42c-4bbc227cd863.pdf, consultado el 02 de febrero del 2022.

Capítulo 4

Derecho Comparado

En el presente apartado, se realiza un estudio respecto de países como Chile, Argentina, Uruguay y España y cómo han implementado el proceso de sustracción de menores y, cuáles son sus mecanismos o lineamientos y si en su caso, contemplan mecanismos más amigables a efecto de que no sean parte de un proceso jurisdiccional.

4.1. CHILE

El principio del interés superior del menor en Chile al igual que en otros países, resulta ser un concepto jurídico indeterminado, por lo cual para comprender sus alcances, también se basan en lo señalado por el Comité de los Derechos del Niño, de 29 de mayo de 2013, en su Observación General No 14, mediante la cual se adoptó que dentro de los derechos del niño, el interés superior debe ser considerado primordial, dejando en evidencia que la observación ya mencionada, conceptualiza al interés superior del menor de manera dinámica teniendo como finalidad facilitar a todos los agentes sociales su adecuada interpretación, garantizando así, el disfrute pleno y efectivo de todos los derechos de los que los menores son titulares.[151]

---

151 Ravetllat Ballesté, Isaac; Pinochet Olave, Ruperto, *El interés superior del niño en el marco de la Convención Internacional sobre los derechos del niño y su configuración En el Derecho Civil Chileno,* Revista Chilena de Derecho, vol. 42, núm. 3, Pontificia Universidad Católica de Chile Santiago, Chile, diciembre 2015, pág. 905, disponible

Del análisis de la normatividad internacional se deduce que tal y como se ha referido anteriormente, el interés superior del menor ha experimentado un proceso de transformación, pasando de ser un principio inexistente convertirse en un principio implícito en buen número de normas y resoluciones judiciales, y así, convertirse en una realidad contemplada expresamente en los diferentes sistemas normativos de los países.[152]

En suma, el principio del interés superior del menor se ha convertido en un Principio General del Derecho, ya que puede ser considerado como un medio de información, de integración y de interpretación, tanto de las normas como de las instituciones y relaciones cotidianas que se ven afectadas, ya sea para detectar conflictos o para resolver conflictos donde se ven afectados los menores.

Ahora bien, con respecto al criterio utilizado por la normatividad civil chilena, el legislador incide escasamente en el principio del interés superior del menor en su contenido particular y se configura como un "concepto jurídico indeterminado", mismo que deberá ser precisado de manera efectiva al momento de su aplicación con la correspondiente adecuación del mandato legal a cada supuesto determinado.[153]

En este sentido, la Corte Suprema de dicho país, en la sentencia de fecha 11 de abril de 2011, resume de manera concreta el concepto de interés superior del menor de la siguiente

---

en link: https://www.redalyc.org/pdf/1770/177043767007.pdf, consultado el 07 de septiembre del 2021.

152 *Ibidem.*

153 Cfr. Baeza Concha, Gloria, *"El interés superior del niño: derecho de rango constitucional. Su recepción en la legislación nacional y aplicación en la jurisprudencia"*, *Revista Chilena de Derecho*, Vol. 28, Nº 2: págs. 355-366, disponible en el link: https://repositorio.uc.cl/xmlui/bitstream/handle/11534/14905/000334708.pdf, consultado el 07 de septiembre del 2021.

manera: "... este principio, tiene directa relación con el pleno respeto de los derechos esenciales del niño, niña o adolescente, en procura del cabal ejercicio y protección de los derechos esenciales y se identifica con la satisfacción plena de los derechos de los menores, en su calidad de personas y sujetos de derechos. Asimismo, constituye un elemento importante de interpretación como norma de resolución de conflictos jurídicos, permitiendo decidir así situaciones de colisión de derechos, según su contenido y la ponderación de los que se encuentran en pugna."[154]

Conforme a lo antes señalado, al referirse al interés superior del menor como un concepto jurídico indeterminado, debe entenderse que éste no se traduce en una indeterminación de aplicaciones, esto quiere decir que su uso admite una única solución justa, misma que se realiza a través de una actividad de cognición, y no de volición, en el ejercicio de una potestad discrecional que permite una pluralidad de soluciones, mismas que deben ser justas o en su defecto, optar por diversas alternativas que sean igualmente equitativas conforme a las perspectivas del Derecho.[155]

Al respecto de lo antes citado, forzosamente se debe remitir al ámbito ontológico y valdría la pena ver los argumentos que emplea Ronald Dworkin respecto a la única solución justa, sin embargo al no ser tema central del presente trabajo, únicamente lo señalaré para fines referenciales, ya que en la opinión del suscrito, no creo que exista una única solución, por lo igualmente valdría la pena analizar al autor John Finnis para complementar lo referido, toda vez que en temas familiares,

---

[154] Cfr. Ravetllat Ballesté, Isaac; Pinochet Olave Ruperto, "*El Interés Superior Del Niño En El Marco De La Convención Internacional Sobre Los Derechos Del Niño Y Su Configuración En El Derecho Civil Chileno*", Revista Chilena de Derecho, vol. 42, núm. 3, diciembre, 2015, pág. 917.

[155] *Ibidem*, pág. 920.

existe una gran cantidad de variables y que pueden hacer que existan diversas soluciones acordes al caso concreto.

Ahora bien, en el ámbito internacional la Convención sobre los Derechos del Niño considera a la familia como una parte fundamental para el crecimiento y bienestar de los niños, sin embargo, frente a las nuevas estructuras familiares se ha tenido que tomar especial atención a la protección de los derechos del niño, niña o adolescente ante contextos de crisis familiares, ya que tal y como se refirió en párrafos anteriores, el concepto de interés superior del menor es dinámico.

Así, algunos de los principales problemas en los que se ve inmiscuida la protección de los derechos de los niños, niñas o adolescentes, son en contextos de familias internacionales, es decir, aquellas que se encuentran conformadas por individuos que están bajo jurisdicciones de distintos países.[156] De manera particular, el traslado o retención ilícita de los hijos menores de 16 años fuera de su lugar de residencia habitual.

Actualmente, Chile es parte del Convenio de La Haya sobre Aspectos Civiles de la Sustracción Internacional de Menores de 1980, que como se ha mencionado tiene como finalidad resguardar el interés superior del menor a través de la protección del derecho de custodia y del derecho de visita, por lo cual, el

---

[156] Cfr. González-Martín, Nuria, "*Sustracción Internacional parental de menores y mediación. Dos casos para la reflexión: México (Amparo directo en revisión 903/2014) y los Estados Unidos de América (Lozano v. Montoya-Álvarez)*", Revista Electrónica de Estudios Internacionales, 2015, pág. 1-37, citado en: Rizik-Mulet, Lucía, *Sustracción Internacional de menores: Jurisprudencia reciente de los Tribunales Superiores de Justicia Chilenos*, International Law: Revista Colombiana de Derecho Internacional, volumen 14, núm. 29, julio, 2016, pág. 196, disponible en el link: International Child Abduction: Chilean Case Law of the Superior Courts of Justice (javeriana.edu.co), consultado el 10 de septiembre del 2021.

procedimiento de restitución de un menor de menos de 16 años, inicia una vez que la autoridad judicial o administrativa corrobore que se ha llevado a cabo un traslado o retención ilícita de un niño/a. Dicha restitución deberá ser de manera inmediata una vez que inicie el procedimiento ante la autoridad administrativa o judicial del Estado contratante en donde se encuentre el niño, en un periodo no mayor a un año desde que se llevó a cabo la sustracción del menor, lo anterior de conformidad con el la propia Convención de La Haya.

Sin embargo, la autoridad administrativa o judicial podrá denegar la restitución del niño/a cuando concurra alguna de las excepciones establecidas en los artículos 13 y 20 del Convenio,[157] es decir, la autoridad dispone de discrecionalidad, lo que le permite valorar diversos elementos, como los efectos psico-emocionales que tendría el menor si se ordenase su retorno.

El primer supuesto referido en el inciso a) del artículo 13, consiste en el no ejercicio efectivo de la custodia en el momento de la retención o traslado, dicho supuesto resulta ser una condición para configurar la licitud del traslado o retención. Es decir, en dicho supuesto existe una carencia de objeto toda vez que la retención o traslado ilícito no se ha configurado.[158]

---

[157] Artículo 20. "La restitución del menor conforme a lo dispuesto en el artículo 12 podrá denegarse cuando no lo permitan los principios fundamentales del Estado requerido en materia de protección de los derechos humanos y de las libertades fundamentales."

[158] Carmiña-Domínguez, Celia M., "*Tutela y Protección de menores en el Derecho Internacional Privado*", Tratado de Familia Vol VI, Las relaciones paterno filiales (II). La protección penal de la familia, págs. 606-651, citado en: Rizik-Mulet, Lucía, *Sustracción Internacional de Menores: jurisprudencia reciente de los Tribunales Superiores de Justicia Chilenos,* International Law: Revista Colombiana de Derecho Internacional, núm. 29, julio, 2016, pág. 207, disponible en el link: International

Ahora bien, el siguiente supuesto del mismo inciso a) se encuentra relacionado con lo antes mencionado, ya que se trata de que previamente exista un consentimiento en el traslado o retención en el extranjero por parte del titular de la custodia. Dicho consentimiento a la retención o al traslado pueden ser expresos o tácitos, pero siempre deberán ser ciertos.

Adicional a lo ya señalado, los siguientes supuestos igualmente pueden ser causa de la denegación de la restitución, ya que están vinculados de manera directa con la protección del menor y teniendo como principal pilar el velar por el interés superior del menor.

El primero que se analiza, es aquel consistente en el cual el niño/a, sufra un grave riesgo de que la restitución exponga a un peligro físico, psíquico o le coloque en una situación intolerable, este supuesto resulta ser un real motivo de denegación, en la medida en que, incluso cuando se dan los requisitos establecidos en el Convenio para ordenar el retorno, el interés superior del menor a no ser desplazado de su residencia habitual cede ante el interés de no ser expuesto a un peligro o situación intolerable.[159]

Para poder denegar la retención, es de suma importancia que "el grave riesgo" sea entendido como una situación extrema y muy probable; el "peligro físico psíquico" y la "situación intolerable" deben ser elevados, serios y actuales. Así mismo, los tres conceptos deben verificarse siempre en relación con

---

Child Abduction: Chilean Case Law of the Superior Courts of Justice (javeriana.edu.co), consultado el 10 de septiembre del 2021.

159 Pérez-Vera, Elisa, "*Informe explicativo sobre las conclusiones de la Conferencia de la Haya de Derecho Internacional Privado Internacional*", Madrid, 1981, párr. 29, disponible en el link: https://www.hcch.net/es/publications-and-studies/details4/?pid=2779, consultado el día 11 de septiembre del 2021.

el niño/a, y con respecto a su secuestrador o sus familiares.[160] Finalmente, dicha excepción debe probarse y fundamentarse por quien alega el motivo de denegación, a través de informes sociales, tanto del niño como de su familia, sin que el ofrecimiento implique una dilación en el proceso.

El segundo supuesto, es cuando el niño/a se opone a la restitución, dicha denegación, deberá probarse y la opinión del menor deberá ser ponderada atendiendo a su edad y grado de madurez.

En Chile, el procedimiento de restitución obliga al Juez a oír al niño sólo cuando su opinión pueda resultar relevante, según dispone el Auto Acordado de la Corte Suprema[161] y de manera más restrictiva en el artículo 16 de la Ley 19.968[162] en el cual se impone al Juez la obligación de considerar en la resolución de su asunto el interés superior del niño, niña o adolescente, y su derecho a ser oído, normatividad que vale la pena resaltar, toda vez que implica una adecuación de la Convención de La Haya al ámbito local y que resulta para el caso concreto de suma importancia.

---

[160] Calvo-Caravaca, Alfonso Luis & Carrasco, Javier, *Protección de menores, en Derecho Internacional Privado,* Vol. II, 14° Edición, Editorial Comares, Granada 2013, págs. 387- 477, citado en: Rizik-Mulet, Lucía, *Op. Cit.*, pág. 209.

[161] Corte Suprema de Justicia, Chile, *Auto Acuerdo, Acta 205/2015, modifica y refunde texto del auto acordado sobre procedimiento aplicable al Convenio de la Haya relativo a los efectos civiles de la Sustracción Internacional de Niños y Niñas,* disponible en: http://www.leychile.cl/Navegar?idNorma=229557, consultado el día 19 de marzo del 2020.

[162] Artículo 16.- Interés superior del niño, niña o adolescente y derecho a ser oído. Esta ley tiene por objetivo garantizar a todos los niños, niñas y adolescentes que se encuentren en el territorio nacional, el ejercicio y goce pleno y efectivo de sus derechos y garantías.

Conforme a lo anterior, resulta importante señalar que en el Convenio de La Haya de 1980 no se encuentra reconocido de manera expresa que el niño/a deba ser oído siempre, sino que su opinión deberá ser considerada por cada autoridad del Estado contratante cuando se trate de una oposición a la restitución por parte del menor.

En el caso de Chile, con la vigencia del Comité de los Derechos del Niño, la aplicación del artículo 16 de la Ley 19.968 y el Auto Acordado de la Corte Suprema, autorizan al Juez a escuchar al niño/a, aunque no exista una oposición.

Finalmente, Pilar Jiménez Blanco propone operar desde tres perspectivas:

1) valorar la madurez del niño;
2) informar al niño sobre el procedimiento y sus consecuencias, y;
3) Salvar los obstáculos que han determinado que éste se oponga a la restitución.[163]

Ahora bien, al hablar de la denegación de la restitución de un menor es importante entender que tal y como se mencionó en el artículo 20 de la Convención de La Haya, cuando se estén contraviniendo los principios fundamentales del Estado requerido, se buscará como carácter excepcional la denegación, mismo supuesto que en la práctica ha sido de poca aplicación.

Por otra parte, este motivo de denegación del retorno se asemeja en palabras de algunos doctrinarios, a una "cláusula limitada de orden público", o a "una especie de cláusula de orden público"[164]. De igual manera, se han sistematizado algunos

---

163 Blanco Jiménez, Pilar, "*Litigios sobre la custodia y sustracción Internacional de Menores*", Editorial Marcial Pons, Madrid, 2008, pág. 112.

164 Calvo-Caravaca, Alfonso Luis & Carrascosa-González, Javier, "*Protección de menores en Derecho Internacional Privado*", Vol. II, 14º Edición,

supuestos en que podrá denegarse el retorno de conformidad con el artículo 20 del Convenio (antes señalado):

1. Cuando la atribución de la custodia se haya producido en función a circunstancias discriminatorias y sin tener en cuenta el Interés Superior del Menor.
2. En aquellos casos en que no se respete la libertad religiosa.
3. Cuando en el Estado de origen se admita la mutilación genital femenina.
4. Cuando exista un incumplimiento grave de derechos fundamentales reconocidos en la Convención de los Derechos del Niño por parte del Estado Origen.[165]

Por último, ante el supuesto de denegación de la restitución en el momento en que ha pasado más de un año desde la retención o traslado ilícito, podrá negarse su restitución, si se demuestra que el niño se ha integrado en su nuevo medio, según dispone el artículo 12 párrafo segundo del Convenio.[166]

Editorial Comares, Granada 2013, pág. 162, citado en: Rizik-Mulet, Lucía, *Op. Cit.*, pág. 215.

165 *Ibidem,* pág. 216.

166 Artículo 12. Cuando un menor haya sido trasladado o retenido ilícitamente en el sentido previsto en el Artículo 3 y, en la fecha de la iniciación del procedimiento ante la autoridad judicial o administrativa del Estado Contratante donde se halle el menor, hubiera transcurrido un período inferior a un año desde el momento en que se produjo el traslado o retención ilícitos, la autoridad competente ordenará la restitución inmediata del menor.
La autoridad judicial o administrativa, aún en el caso de que se hubieren iniciado los procedimientos después de la expiración del plazo de un año a que se hace referencia en el párrafo precedente, ordenará asimismo la restitución del menor salvo que quede demostrado que el menor ha quedado integrado en su nuevo ambiente.
Cuando la autoridad judicial o administrativa del Estado requerido tenga razones para creer que el menor ha sido trasladado a otro

Este motivo de denegación del retorno se ha justificado en el principio del interés superior del menor, en relación con el daño que se ocasionará al niño si se le obliga a regresar una vez que ya adaptado a su medio.

Una de las circunstancias más relevantes en torno a este supuesto es saber determinar cuándo un niño está suficientemente integrado a su medio. El artículo 12 del Convenio, si bien es cierto que determina la excepción a la restitución del menor, por otro lado, resulta ser que no señala el elemento a valorar a la hora de determinar si el niño/a o adolescente, está o no suficientemente integrado, por lo que le corresponderá a la autoridad judicial o administrativa determinar las circunstancias más importantes o relevantes.

Resulta importante señalar que en Chile las sentencias han abordado el tema de la aplicación del Convenio pero solo en lo que corresponde al denegado retorno, prestando atención únicamente a los problemas derivados de la excepción al retorno establecida en el artículo 13 del Convenio, misma que muestra de manera evidente el beneficio que puede llegar a tener el sustractor (en donde la mayoría de los casos son las madres del menor de 16 años quienes hacen la retención), dejando en claro que, en la mayoría de los casos resueltos por los tribunales en Chile identifican el interés superior del menor con la permanencia de los hijos al cuidado de la madre, supuesto que igualmente llama la atención, toda vez que al menos en nuestro país, ya existe un criterio emitido por la Suprema Corte de Justicia de la Nación que equipara los derechos con el del progenitor lo cual ya es un paso significativo para sustentar la igualdad de género.

Estado, podrá suspender el procedimiento o rechazar la solicitud del menor.

Sin embargo, los tribunales en fallos recientes han resuelto conforme a los objetivos del Convenio y se han abstenido de emitir pronunciamientos sobre aspectos relativos a la custodia del niño/a, lo cual a mi entender es la principal finalidad del Convenio.

De lo ya señalado en el Derecho Chileno, sobresale a mi entender la obligación de escuchar al menor, el cual es un punto determinante para saber qué es lo que quiere y con ello determinar el interés superior del mismo, hecho que puede dar la pauta a que el proceso sea más amigable en cualquier sentido.

Una vez analizado el Convenio desde la normatividad Chile, es conveniente hacer lo relativo en países como Argentina y Uruguay de manera conjunta en virtud de ser países vecinos y compartir algunas disposiciones.

4.2. ARGENTINA Y URUGUAY

En la Constitución de la República de Argentina y acorde a lo citado en la Convención de las Naciones Unidas sobre los Derechos del Niño del 20 de noviembre de 1989, se establecieron los criterios que los Estados parte debían de adoptar en relación al respeto de los derechos de los menores, mismos que resultan ser de gran importancia en los temas de la lucha contra traslados y retenciones ilícitas de menores, siendo uno de los principales propósitos la promoción de acuerdos bilaterales, multilaterales o la adhesión a aquellos existentes.

Por su parte y como se mencionó en el capítulo de conceptos generales, en el continente americano el proceso de codificación llevado a cabo por las Conferencias Especializadas Interamericanas de Derecho Internacional Privado, bajo los auspicios de la OEA, dio origen a la Convención Interamericana sobre Restitución Internacional de Menores, concluida en Montevideo, el 15 de julio de 1989.

Es importante señalar que a raíz de la Convención Interamericana, los Estados miembro, han celebrado diversos acuerdos bilaterales, entre los cuales destacan el firmado entre la República Oriental del Uruguay y la República de Argentina sobre la Protección Internacional de Menores en vigor desde el 10 de diciembre de 1982; la firmada también entre la República Oriental de Uruguay y la República de Chile sobre Restitución Internacional de Menores, vigente desde el 14 de abril de 1982 y; la firmada entre la República Oriental de Uruguay y la República del Perú sobre la misma materia, vigente desde el 2 de febrero de 1989.[167]

En este sentido y acorde al Convenio de La Haya de 1980 y la Convención Interamericana que es el convenio continental al respecto, ambos países contemplan la regulación de los aspectos civiles del traslado o retención ilícitos de los menores de 16 años, así como la creación de un procedimiento autónomo el cual se divide según lo ya referido en anteriores capítulos, en dos fases: 1) Voluntaria, ante las Autoridades Centrales y 2) Contenciosa, ante las autoridades judiciales o administrativas competentes.

En el caso de la Convención Interamericana sobre Restitución Internacional de Menores, los titulares de la acción de restitución podrán ejercitarla de la siguiente manera: a) a través de exhorto o carta rogatoria, b) mediante solicitud a la autoridad central, o c) directamente, o por la vía diplomática o consular[168], tal y como se encuentra establecido en su

---

[167] Para mayor información de los convenios citados, véase la página de la Conferencia de la Haya de Derecho Internacional Privado, disponible en el link: https://www.hcch.net/es/instruments/conventions/specialised-sections/child-abduction/latin-america, consultado el 29 de julio del 2020.

[168] Convención Interamericana sobre Restitución Internacional de Menores, disponible en: http://www.oas.org/juridico/spanish/

artículo 8, de esta forma, una vez que sea localizado el menor, la autoridad central debe verificar que se cumplan todos los requisitos que se encuentran establecidos en el Convenio, ya que se debe determinar sí resulta o no ser viable su aplicación ante la justicia respectiva.

Sin embargo, vale la pena resaltar que en el caso de estos dos países y aun y cuando no existe estipulación escrita en tal sentido, en la práctica existe un tipo de conciliación o mediación, en donde si el padre o madre requirente lo autorizan, podrán ponerse en contacto con el otro progenitor, con la finalidad de lograr una solución amistosa entre las partes, incluso antes de iniciar el proceso contencioso, se puede recurrir a la mediación, ya sea en el ámbito administrativo o incluso ante la Autoridad Central, ya sea como instancia prejudicial o en el ámbito judicial.[169]

Lo antes citado a mi entender es sustancial, toda vez que aún y cuando la propia Convención de La Haya no lo menciona de manera expresa, en la práctica son muchos los beneficios de implementar la misma (la mediación), por lo cual vale la pena mencionarse ya que en nuestro país, no existe normatividad alguna que así lo señale y por el contrario, ni si quiera existe norma adicional a la mencionada en los Convenios in-

---

tratados/b-53.html, consultada el día 28 de julio de 2020.

169 La Conferencia de la Haya ha estado trabajando en la mediación como método para solucionar amigablemente los pedidos de restitución internacional de menores. Véase Guía de Buenas Prácticas en virtud del Convenio de la Haya de 1980 sobre los Aspectos Civiles de la Sustracción Internacional de Menores. Quinta parte. Comisión Especial de junio de 2011 sobre el funcionamiento práctico del Convenio de la Haya de 1980 sobre Sustracción de Menores y del Convenio de la Haya de 1996 sobre Protección de Niños Oficina Permanente, disponible en: http://www.hcch.net/upload/guide28mediation_en.pdf, consultado el 20 de mayo del 2020.

ternacionales que no sea la general que remite a adecuarla a la normatividad de cada Estado parte.

En este punto, es importante resaltar que siempre se buscará el retorno del menor a su domicilio de manera voluntaria, para lo cual la doctrina argentina, define el concepto señalado de la siguiente manera:

> "El retorno voluntario, el cual es totalmente espontáneo de un retorno amistoso o amigable en el cual operó una cuota de mediación o conciliación gracias a la intervención de otra persona. La Autoridad Argentina siempre ofrece al peticionante la posibilidad de intentar una etapa voluntaria extrajudicial antes de radicar el proceso ante la Justicia. En el caso de los casos entrantes, se envía una nota al padre sustractor, para que recapacite y restituya al menor en forma voluntaria (o en su caso se fije un régimen de visitas), explicándosele las consecuencias que acarrea su negativa, en consecuencia, se le otorga al padre sustractor un término de 10 días para responder.
>
> En caso de que no se llegara a un acuerdo, se procederá a remitir la documentación a la autoridad jurisdiccional competente para que dé cumplimiento a la solicitud efectuada por la Autoridad Central requirente teniendo un plazo de 6 semanas para resolver el asunto."[170]

Lo antes referido debería ser la tendencia, ya que además de aligerar las cargas jurisdiccionales, ahorrarían tiempo, dinero, esfuerzo y sobre todo, una carga emocional importante, toda vez que la preocupación y angustia que sufre el progenitor que ha sufrido la sustracción del menor por el otro progenitor, supera cualquier otro costo que pudiere existir, por lo que es un

---

170 Scotti B., Luciana, "*Las garantías fundamentales en el procedimiento de restitución Internacional de niños*", Derecho de Familia, Revista Internacional Interdisciplinaria de Doctrina y Jurisprudencia No. 62, Ed. Abeledo Perrot, Buenos Aires, noviembre 2013, pág. 3, disponible en: http://www.derecho.uba.ar/investigacion/investigadores/publicaciones/scotti-las-garantias-fundamentales.pdf, consultado el 07 de septiembre del 2021.

punto que sobresale sobre las demás y que debería ser parte de cualquier proceso de restitución a mi entender.

Ahora bien, otro de los elementos distintivos de estos países radica en el artículo octavo de la Convención de La Haya, concerniente a la restitución internacional, misma que puede ser iniciada por cualquier persona, institución u organismo que tenga la potestad legal para acudir a cualquier órgano jurisdiccional o administrativo competente, siempre y cuando un menor de edad haya sido objeto de traslado o retención con infracción al derecho de custodia, teniendo como finalidad que el Estado contratante garantice la restitución del menor[171], siendo el caso particular que el Convenio Argentino-Uruguayo sobre Protección Internacional de Menores, establece que aquellos titulares de la acción para la restitución de un menor serán los padres, tutores o guardadores,[172] por lo cual acota la legitimación activa para solicitarla.

Así las cosas, el Convenio de La Haya tiene una legitimación activa mucho más amplia que el Convenio Argentino-Uruguayo para poder iniciar un procedimiento de restitución, hecho

---

171 Articulo 8.- Toda persona, institución u organismo que sostenga que un menor ha sido objeto de traslado o retención con infracción del derecho de custodia, podrá dirigirse a la Autoridad Central de la residencia habitual del menor, o a la de cualquier otro Estado contratante, para que, con su asistencia, quede garantizada la restitución del menor, disponible en: HCCH | #28–Texto completo, consultado el 29 de julio del 2020.

172 Artículo 2.- La presencia de un menor en el territorio del otro Estado Parte será considerada indebida cuando se produzca en violación de la tenencia, guarda o derecho que, sobre él o a su respecto, ejerzan los padres, tutores o guardadores. Los titulares de la acción de restitución serán las personas mencionadas precedentemente, disponible en: Convenio Argentino-Uruguayo sobre Proteccin Internacional de Menores (hcch.net), consultado el 29 de julio de 2020.

que bien podría analizarse de manera individual, sin embargo al permitirse por el Convenio de La Haya hacerse por medio de otros actores, deja la puerta abierta para que cada Estado parte lo pueda solicitar en determinado momento.[173]

Tal y como se ha mencionado, el Convenio de La Haya en su artículo 8, dispone los requisitos que deberá incluir la solicitud para la restitución de un menor, mismos requisitos que resultan ser amplios para la integración, hecho que en el Convenio Argentino-Uruguayo es mucho más precisa, ya que detalla en su artículo 6°, que la solicitud de restitución debe acreditar:

1) Legitimación procesal del actor,
2) Fundamento de la competencia del exhortante,
3) Fecha en que se entabló la acción.

Asimismo, deberán suministrarse datos sobre la ubicación del menor en el Estado requerido.[174]

De esta forma, cuando la solicitud se presenta ante la Autoridad Central, ésta debe hacerse completando un formulario tipo[175], junto al cual deben de anexarse los documentos ahí referidos. En este orden de ideas, los documentos que se anexen a la solicitud en su caso podrán estar exentos de las debidas legalizaciones, siempre y cuando sean presentados por las autoridades centrales, o por la vía diplomática o consular, sin

---

173 Véase el convenio completo, disponible en el link: https://assets.hcch.net/upload/bilateral_ar-uy.pdf, consultado el 29 de julio de 2020.

174 *Idem*, consultado el 29 de julio de 2020.

175 El formulario tipo que provee la República Argentina, se encuentra disponible en: http://www.menores.gob.ar/userfiles/Formulario%20RESTITUCION.pdf, consultado el 29 de julio de 2020.

embargo, la solicitud y la documentación deben estar traducidas al idioma oficial del país ante el cual se van a presentar.[176]

En este orden de ideas, la Autoridad Central del Estado una vez que recibe la solicitud de restitución deberá transmitir la solicitud directamente y sin demora a la Autoridad Central del Estado contratante en el que se encuentra el menor de edad, en tal sentido, es menester señalar que el Convenio Argentino-Uruguay no contempla una figura con los alcances de la Autoridad Central, sin embargo en su artículo 8º, dispone que las solicitudes de restitución y localización serán transmitidas a través del Ministerio de Justicia del Estado requirente al del Estado requerido, que las hará llegar al Juez competente.[177]

Igualmente vale la pena resaltar que por ejemplo, en la República de Argentina, se ha designado como Autoridad Central para la aplicación del Convenio de La Haya a la Dirección de Asistencia Jurídica Internacional-Dirección General de Asuntos Jurídicos del Ministerio de Relaciones Exteriores, Comercio Internacional y Culto,[178] con lo cual se puede comprender que si bien es cierto el Convenio de La Haya hace referencia a Autoridades Centrales y que en muchos casos son los Ministerios de Relaciones Exteriores, cuando se aplican, invariablemente llegan al ámbito jurisdiccional.[179]

---

176 Scotti B., Luciana, "*Las Garantías fundamentales en el procedimiento de restitución Internacional de niños*", Derecho de Familia, Revista Internacional Interdisciplinaria de Doctrina y Jurisprudencia, No. 62, Ed. Abeledo Perrot, Buenos Aires, noviembre 2013, pág. 5.

177 Artículo 8°- Las solicitudes de restitución internacional serán transmitidas a través del Ministerio de Justicia del Estado requirente, al Ministerio de Justicia del Estado requerido, que la hará llegar hasta el Juez competente. Sin perjuicio de las garantías de autenticidad que establezcan los Estados Partes, el pedido y la documentación anexa, no necesitarán el requisito de la legitimación.

178 Scotti B., Luciana, *Op. Cit.*, pág. 6.

179 *Íbidem,* pág. 7.

En referencia al hecho que las autoridades del lugar de residencia habitual del niño/a o adolescente son las indicadas en todo momento para solicitar la restitución y que las del domicilio en donde se encuentra el menor, solo deban de proceder a la restitución de éste, se ha sostenido por diversos doctrinarios que esto se debe al hecho que dichas autoridades y normas, son las que mejor conocen la situación en la vivía el menor previo a la restitución, por lo cual resulta claro que estas son las que deben de regir.

El criterio antes mencionado igualmente lo menciona Luciana Scotti refiriéndose al autor Santos Belandro al señalar: "resulta evidente que estas autoridades son las accesibles a los reclamantes; además pertenecen a la sociedad afectada por el abrupto arraigo del menor y están en mejor situación para conocer el caso planteado."[180]

Asimismo, se ha dicho que: "al margen y con la reserva de las excepciones que en principio sufre el propio Convenio, que el Estado de la residencia habitual del menor es el más indicado para informarse sobre los hechos, efectuar investigaciones en el medio ambiente del menor y seleccionar las medidas más idóneas de conformidad con sus intereses."[181]

Especial atención igualmente tiene el ámbito jurisdiccional en el Convenio bilateral Argentino-Uruguayo, ya que en su artículo 5° se prevé la jurisdicción exclusiva del juez del lugar de

---

180 Santos Belandro, Rubén, "*Minoridad y ancianidad en el mundo actual*", Asociación de Escribanos del Uruguay, Montevideo,2007, pág. 218. Citado en: Scotti B., Luciana, *Op. Cit.*, pág. 8.

181 Castro-Rial Canosa, Juan Manuel, "*El convenio de la Haya sobre Protección de Menores*", en Anuario de derecho civil Vol. 14, No. 4, Madrid, 1961, págs. 856, disponible en el link: El convenio de La Haya sobre "protección de menores"–Dialnet (unirioja.es), consultado el 13 de septiembre de 2021.

residencia habitual del niño[182], ya que aún y cuando la propia Convención de La Haya también la refiere en su artículo 36 que los Estados contratantes pueden limitar y acordar la derogación de disposiciones del propio Convenio y establecer las propias que sean acordes y tendientes a solventar las restituciones, generalmente los Estados emplean lo referente al propio, hecho que insistimos tampoco limita lo mencionado en el Artículo 14, a que el Estado requerido podrá tener en cuenta directamente la legislación y las decisiones judiciales o administrativas, ya estén reconocidas formalmente o no en el Estado de la residencia habitual del menor.[183]

Lo anterior, incluso se menciona por diversos doctrinarios al señalar: "en este procedimiento de cooperación bilateral, entre jueces de dos países que tienen una tradición común de asistencia jurisdiccional, el juez del Estado donde el niño se encuentra *acompaña* la decisión del juez competente de la residencia habitual, que es la autoridad dotada de la palabra final en materia de restitución" [184].

---

182 Artículo 5. Para conocer en la acción de restitución de menores, serán competentes los Jueces del Estado de su residencia habitual, disponible en el sitio web de la Convención de la Haya, en: Convenio Argentino-Uruguayo sobre Proteccin Internacional de Menores (hcch.net), consultado el 14 de julio del 2020.

183 Artículo 14 Para determinar la existencia de un traslado o de una retención ilícitos en el sentido del artículo 3, las autoridades judiciales o administrativas del Estado requerido podrá tener en cuenta directamente la legislación y las decisiones judiciales o administrativas, ya estén reconocidas formalmente o no en el Estado de la residencia habitual del menor, sin tener que recurrir a procedimientos concretos para probar la vigencia de esa legislación o para el reconocimiento de las decisiones extranjeras que de lo contrario serían aplicables.

184 Cfr. Najurieta, María Susana, "*Restitución internacional de menores*", en Grosman, Cecilia (dir), *Hacia una armonización del derecho de familia en el Mercosur y países asociados,* Lexis Nexis, Buenos Aires, 2007,

Del mismo modo, otro punto a diferenciar es que aún y cuando en la Convención de La Haya en su artículo 12° tiene previsto como plazo de caducidad para la interposición de la solicitud de restitución el plazo de un año desde el traslado o la retención indebida, salvo que se acredite que el menor aún no se ha habituado a su nuevo domicilio[185], en el caso del Convenio bilateral, se expresa claramente en el artículo 10°[186], que una solicitud presentada fuera de ese plazo, será rechazada, salvo que no se tenga conocimiento del paradero del menor, momento a partir del cual empezará el computo, lo cual ha sido también objeto de debates en tal sentido[187], en

---

pág. 413, disponible en el link: https://www.tprmercosur.org/pmb/opac_css/index.php?lvl=notice_display&id=9007&seule=1, consultado el día 23 de julio del 2020.

185 Artículo 12. Cuando un menor haya sido trasladado o retenido ilícitamente en el sentido previsto en el artículo 3 y, en la fecha de la iniciación del procedimiento ante la autoridad judicial o administrativa del Estado contratante donde se halle el menor, hubiera transcurrido un periodo inferior a un año desde el momento en que se produjo el traslado o retención ilícitos, la autoridad competente ordenará la restitución inmediata del menor. La autoridad judicial o administrativa, aún en el caso de que se hubieren iniciado los procedimientos después de la expiración del plazo de un año a que se hace referencia en el párrafo precedente, ordenará asimismo la restitución del menor salvo que quede demostrado que el menor ha quedado integrado en su nuevo ambiente. Cuando la autoridad judicial o administrativa del Estado requerido tenga razones para creer que el menor ha sido trasladado a otro Estado, podrá suspender el procedimiento o rechazar la solicitud de retorno del menor.

186 Artículo 10. No se dará curso a las acciones previstas en este Convenio cuando ellas fueren entabladas luego de transcurrido el plazo de un año a partir de la fecha en que el menor se encontrare indebidamente fuera del Estado de su residencia habitual. En caso de menores cuyo paradero se desconozca, el plazo se computará desde el momento en que fueren localizados.

187 Scotti B., Luciana, *Op. Cit.*, pág. 9.

el sentido de cuando debe de contabilizarse el mismo, hecho que creo se explica de manera clara que, si no se conoce el paradero, resulta claro que no se puede remitir ninguna solicitud de restitución.

En tal sentido, también resaltan los plazos mencionados en los artículos 8º[188] y 9º[189] y el procedimiento para realizar cualquier restitución, hecho que no se contempla por obvias razones en la Convención de La Haya sobre restitución internacional de menores y que es un punto para considerarse, ya que simplifica el mismo entre estos dos países.

Del mismo modo, sobresale que el convenio en cita, contempla como medio de prueba, únicamente la documental para acreditar sobre la procedencia o no de la restitución, lo

---

188 Artículo 8. Con carácter de excepción y en los casos en que el Juez lo entienda necesario, hasta el quinto día desde que tomare conocimiento "de visu" del menor, podrá admitir la presentación de éste o de quien controvierta la procedencia de la restitución exhortada, sólo cuando el derecho en que se funde la oposición se justificare con la agregación de prueba documental. El Juez exhortado, si considerare atendible el derecho invocado, en el plazo de los tres días siguientes, lo comunicará al Juez exhortante, acompañando copia íntegra de la oposición deducida y de la documentación pertinente. En el caso de reiterarse el exhorto de restitución, el Juez exhortado deberá ordenar, sin demora, la entrega del menor. Si dentro del plazo de sesenta días corridos desde que fuere transmitida la comunicación de oposición por el Ministerio de Justicia del Estado requerido, no se recibiere exhorto reiterándola solicitud de restitución, el Juez exhortado ordenará sin más trámite el levantamiento de las medidas dispuestas.

189 Artículo 9. Si dentro del plazo de cuarenta y cinco días corridos desde que se comunicare al Ministerio de Justicia del Estado requirente la resolución por la cual se dispone la entrega, el Juez exhortante no arbitrare las medidas necesarias para hacer efectivo el traslado del menor, quedarán sin efecto la restitución ordenada y las medidas adoptadas. Los gastos que demande este traslado estarán a cargo de quien ejerza la acción.

cual sobresale en el referido artículo octavo, sin embargo, resulta claro que también el Juez tiene amplias facultades para fijar cuales son las pruebas que admitirá teniendo en cuenta todo momento de la brevedad y urgencia del procedimiento, dada su especial naturaleza.

Ahora bien, aún y cuando en los artículos 22[190] y 26[191] del Convenio de La Haya se establece que las autoridades centrales y otros servicios públicos de los Estados contratantes no podrán

---

190 Artículo 22.- No podrá exigirse fianza ni depósito alguno, cualquiera que sea la denominación que se le dé, para garantizar el pago de las costas y gastos de los procedimientos judiciales o administrativos previstos en el Convenio.

191 Artículo 26 Cada Autoridad Central sufragará sus propios gastos en la aplicación del presente Convenio. Las Autoridades Centrales y otros servicios públicos de los Estados contratantes no impondrán cantidad alguna en relación con las solicitudes presentadas en virtud de lo dispuesto en el presente Convenio ni exigirán al solicitante pago alguno por las costas y gastos del proceso ni, dado el caso, por los gastos derivados de la participación de un abogado o asesor jurídico. No obstante, se les podrá exigir el pago de los gastos originados o que vayan a originarse por la restitución del menor.
Sin embargo, un Estado contratante, mediante la formulación de una reserva conforme a lo dispuesto en el artículo 42, podrá declarar que no estará obligado a asumir gasto alguno de los mencionados en el párrafo precedente que se deriven de la participación de un abogado o asesores jurídicos o del proceso judicial, excepto en la medida que dichos gastos puedan quedar cubiertos por un sistema de asistencia judicial y asesoramiento jurídico.
Al ordenar la restitución de un menor o al expedir una orden relativa a los derechos de visita conforme a lo dispuesto en el presente Convenio, las autoridades judiciales o administrativas podrán disponer, dado el caso, que la persona que trasladó o que retuvo al menor o que impidió el ejercicio del derecho de visita, pague los gastos necesarios en que haya incurrido el solicitante o en que se haya incurrido en su nombre, incluidos los gastos de viajes, las costas de representación judicial del solicitante y los gastos de la restitución del menor, así como todos las costas y pagos realizados para localizar al menor.

exigir al solicitante pago alguno de los gastos y costas del proceso ni por los gastos derivados de la participación de un abogado o asesor jurídico, ya que cada Estado sufragará los gastos inherentes por la restitución del menor, existe la salvedad que se le podrá imponer a al infractor, en algunos casos la carga de los gastos erogados por su contraparte incluyendo gastos de representación y traslado.[192]

Lo referido en el párrafo que antecede, igualmente aplica para las persona que impidió el ejercicio del derecho de visita.[193]De esta forma, es importante señalar que la República Argentina para este y otros casos, creó un fondo de ayuda económica para asistencia legal en el exterior, mismo que es administrado por la Secretaría de Desarrollo Social (decreto 891/95)[194], mediante el cual, todo progenitor que reclame la restitución de su hijo lo pueda litigar sin incurrir en gastos.

De lo antes referido, parecería que el convenio argentino-uruguayo, respcta los plazos y la terminología de restitución inmediata contemplada en la Convención de La Haya, sin embargo y dado que no contiene normas sobre el procedimiento ni los recursos admisibles, al menos en la República de Argentina, se suelen admitir todos los recursos previstos en el código, y por ende un caso puede ser ventilado ante Juzgados

---

192 Artículo 17. La tramitación de los exhortos contemplados en el presente Convenio y las medidas a que dieren lugar, serán recíprocamente gratuitas. Si el interesado en la ejecución del exhorto ha designado un apoderado en el foro requerido, los gastos y honorarios que ocasionare el ejercicio del poder que otorgó no estarán a cargo de los Estados Partes.

193 Scotti B., Luciana, *Op. Cit.*, págs. 10-11.

194 Decreto visible en la página del ministerio de justicia y derechos humanos de la República de Argentina, visible en el link: http://www.saij.gob.ar/891-nacional-creacion-fondo-ayuda-economica-para-asistencia-legal-exterior-dn19950000891-1995-06-28/123456789-0abc-198-0000-5991soterced?#, consultado el día 23 de julio del 2020.

de Primera Instancia, Cámaras de apelación, tribunales de provincia hasta finalmente obtener una decisión definitiva en la Corte Suprema de Justicia de la nación,[195] por lo cual y al igual que lo mencionamos en el apartado respectivo, con los recursos en comento, bien puede hacerse que un juicio sea mucho más largo de lo esperado por las partes, volviéndolo incluso tardado y contrario al propio espíritu de la Convención en el sentido literal de "inmediato".

De igual forma, en mi opinión creo que Argentina es de los países más avanzados en Latinoamérica en lo referente al derecho de los niños, niñas y adolescentes y en relación con el tema que objeto del presente, siendo el convenio argentino-uruguayo, una muestra en lo referente a la mediación según se ha señalado.[196]

4.3. ESPAÑA

España al igual que otros países, forman parte del Convenio de La Haya de 1980 sobre los Aspectos Civiles de la Sustracción Internacional de Menores, sin embargo, en lo que se refiere a los procedimientos derivados de sustracciones entre Estados miembros de la comunidad Europea, los mismos se rigen por lo estipulado en el Reglamento (CE) 2201/2003, relativo a la competencia, el reconocimiento y la ejecución de resoluciones judiciales en materia matrimonial y de responsabilidad parental, publicado en el Diario Oficial de la

---

195 *Ibidem.*

196 Para más información véase Bendel S., Yael (coords.), *"La Convención sobre los Derechos del Niño" Comentada,* Ministerio, Poder Judicial de Buenos Aires, Público Tutelar, 2019, disponible en el link: https://www.mptutelar.gob.ar/sites/default/files/ORIGINAL_Convenciones_Comentada_web.pdf, consultado el 13 de septiembre de 2021.

Comunidad Europea el 27 de noviembre del 2003[197] y por el Convenio Europeo relativo al reconocimiento y a la ejecución de decisiones en materia de custodia de menores, así como al restablecimiento de dicha custodia, firmado en Luxemburgo de fecha 20 de mayo de 1980.[198]

En el caso particular del Reino de España, por el incremento de casos de sustracción de menores que se suscitó con el Reino de Marruecos y ya que éste último no era parte del Convenio de La Haya de 1980, existe un convenio bilateral firmado entre ambos el 30 de mayo de 1997[199], identificado como BOE núm. 150[200], sobre Asistencia Judicial, Reconocimiento y Ejecución de Resoluciones Judiciales en Materia de Derecho de Custodia, Derecho de Visita y Devolución de Menores.[201]

De igual manera, es de resaltarse que uno de los principales problemas que se dan en la práctica con el convenio bilateral referido, es la diferencia de culturas, por lo cual, la aplicación del mismo es compleja, aunado a que el convenio bilateral hispano-marroquí maneja términos diversos a los del Convenio

---

197 El documento referido se encuentra disponible en el link: 130138001es 1..19 (boe.es), consultado el 13 de septiembre de 2021.

198 El convenio citado se encuentra disponible en su versión en línea en el link: BOE.es–BOE-A-1991-8061. Convenio Europeo relativo al reconocimiento y a la ejecución de decisiones en materia de custodia de menores, así como al restablecimiento de dicha custodia, hecho en Luxemburgo el 20 de mayo de 1980 (publicado en el «Boletín Oficial del Estado» de 1 de septiembre de 1984). Retirada reserva de España al artículo 12 del Convenio, consultado el día 3 de agosto de 2020.

199 Posteriormente, en el año 2010, el Reino de Marruecos se adhirió al Convenio de la Haya de 1980.

200 El convenio se encuentra disponible en: A19348-19351.pdf (boe.es), consultado el 11 de agosto del 2020.

201 Para mayor información véase Marín Pedreño, Carolina, "*Sustracción Internacional de Menores*", 2ª Edición, España, Editorial Ley 57, 2016, pág. 16.

de La Haya, tal y como es el plazo de la restitución (6 meses en el convenio bilateral y 1 año en el de La Haya),o incluso el hecho que solo aplica para menores que sean únicamente de la nacionalidad de los países signatarios, lo cual ha derivado en la inaplicabilidad del mismo y con ello en buscar otro tipo de soluciones como es el caso de la ratificación de ambos países, del Convenio de La Haya de 19 de octubre de 1996, relativo a la Competencia, la Ley Aplicable, el reconocimiento, La Ejecución, y la Cooperación en materia de Responsabilidad Parental y Medidas de Protección a los niños, la cual entró en vigor en ambos países el 1 de enero del 2011 para el Reino de España y el 1 de diciembre del 2002 para el Reino de Marruecos.[202]

Es el caso, que, con independencia del convenio bilateral antes citado, el Reglamento (CE) 2201/2003 es quizá el acuerdo más importante firmado por el Reino de España, aunado a que es aquel que rige con sus pares de la comunidad europea, el cual es complementado hoy en día con la Ley 15/2015 de Jurisdicción Voluntaria.

Ahora bien, el Reino del España al igual que prácticamente todos los países tienen su base en el tema estudiado en el Convenio de La Haya, por lo que, en palabras de Elisa Pérez Vera, dicho convenio tiene como objetivos determinar en última instancia su naturaleza. De esta forma, el Convenio relativo a los aspectos civiles de la sustracción internacional de menores es ante todo un convenio que pretende evitar los traslados internacionales de menores, instaurando una cooperación estrecha entre las autoridades judiciales y administrativas de los Estados contratantes, por lo cual dicha colaboración afecta, por un lado, a la obtención del retorno inmediato del menor al entorno del que ha sido alejado y, por el otro, el respeto efectivo de los derechos de custodia y de visita existentes en uno de los Estados contratantes.

---

202 Cfr. *Ibidem*, pág. 24.

En este orden de ideas, el Convenio de La Haya tiene como uno de sus principales objetivos el restablecimiento del "statu quo" mediante la "restitución inmediata de los menores trasladados o retenidos de forma ilícita en cualquier Estado contratante, así como velar por que los derechos de custodia y de visita vigentes en uno de los Estados Contratantes se respeten en los demás Estados contratantes." [203]

España al igual que otros países han tenido que implementar e interpretación la aplicación del Convenio de La Haya, tanto así que mediante los lineamientos prácticos tanto del mismo convenio como del Reglamento 2201/2003 se señala lo siguiente:

> "Resulta importante señalar que el convenio de La Haya de 1980, cada vez es más conocido teniendo como consecuencia que las resoluciones judiciales son más ajustadas al mismo, sin embargo y dado que no existen normas procesales y todos los Estados deben adecuarlas a su ordenamiento local, aún nos encontramos con resoluciones recientes que resuelven sobre el fondo de la cuestión, como la del caso H 28 (1904) España-Méjico, en la que el Juzgado Décimo Séptimo de lo Familiar del Distrito Federal en su resolución de 27/02/09 deniega la restitución de la menor y atribuye la guarda y custodia a la madre sustractora. De esta forma, también se han visto criterios o resoluciones que malinterpretan conceptos claves del convenio como el caso H 28 (1939) Italia- España, en el que la Audiencia Provincial de Córdoba, en su resolución de 26/01/09, al resolver en apelación la denegación de retorno dictada en la instancia, señaló de manera clara "que debe añadirse una consideración primaria y es que en este caso no se dan los presupuestos básicos de la sustracción y la finalidad perseguida en el convenio, ya que se trata de una sustracción cometida por

---

[203] Pérez Vera Elisa, *Informe explicativo del Convenio de la Haya de 1980*, Madrid, 1981, pág. 9, disponible en su versión en línea en el sitio web: https://www.hcch.net/es/publications-and-studies/details4/?pid=2779, consultado el día 3 de agosto del 2020.

la madre en unas circunstancias específicas, esto es, cuando decidió dejar de convivir con su pareja."[204]

En tal sentido, resulta claro que incluso entre los países integrantes del Convenio de La Haya, la aplicación del mismo, no siempre es congruente ni acorde al espíritu del mismo, hecho que impacta evidentemente en el aspecto práctico y los únicos afectados son las partes integrantes del conflicto; lo ya referido incluso se puede ver de manera clara con la diferencia de términos que se manejan de los convenios con los acuerdos bilaterales y en donde en el caso del Reino de España, al señalar que a diferencia del Convenio de La Haya de 1980, el Reglamento 2201/03 en su artículo 2.11 define el traslado o retención ilícita de la siguiente manera:

"Cuando se haya producido con infracción de un derecho de custodia adquirido por resolución judicial, por ministerio de la ley o por un acuerdo con efectos jurídicos de conformidad con la legislación del Estado miembro en donde el menor tenía su residencia habitual inmediatamente antes de su traslado o retención, y este derecho se ejercía, en el momento del traslado o de la retención de forma efectiva separada, o conjuntamente, o se habría ejercido de no haberse producido el traslado o retención. Se considera que la custodia es ejercida de manera conjunta cuando en virtud de una resolución judicial o por ministerio de la ley, uno de los titulares de la responsabilidad parental no puede decidir sin el consentimiento del otro titular sobre el lugar de residencia."[205]

---

204 García Revuelta, Carmen, "*Aplicación Práctica del Convenio de la Haya y el Reglamento 2201/2003.*" El Papel de la Autoridad Central, pág. 3, disponible en el link: http://www5.poderjudicial.es/CVsm/Ponencia_6_ES.pdf, consultado el 17 de agosto del 2020.

205 Reglamento (CE) no 2201/2003 del Consejo de 27 de noviembre de 2003, relativo a la competencia, el reconocimiento y la ejecución de resoluciones judiciales en materia matrimonial y de responsabilidad parental, por el que se deroga el Reglamento (CE) No. 1347/2000. Disponible en: https://www.boe.es/buscar/doc.php?id=DOUE-L-2003-82188, consultado el 17 de agosto del 2020.

De esta forma, en palabras de la Autoridad Central del Reino de España, al emitir los lineamientos prácticos del Convenio de La Haya y del Reglamente 2201/2003, refiere que:

> "...la propia Convención cuenta con todos los conceptos jurídicos esenciales correspondientes a la Sustracción de menores, resulta importante señalar que en el Reglamento se realizan mayores concreciones, en relación con el derecho de custodia, las distintas formas de adquirirla, la importancia y las consecuencias derivadas del lugar de la residencia habitual del menor, y finalmente la concreción de los supuestos en que puede ser sólo un titular quien resuelve sobre el lugar de residencia o han de ser los dos quienes lo decidan. Igualmente se define la responsabilidad parental, los derechos y obligaciones conferidos a una persona física o jurídica en virtud de una resolución judicial, por ministerio de la ley o por un acuerdo con efectos jurídicos, en relación con la persona o los bienes de un menor. El término incluye, en particular, los derechos de custodia y visita...[206]

En tal sentido, el Reglamento en comento, complementa de manera más detallada el Convenio de La Haya y permite por tanto una mejor implementación, aunque insistimos, no cuente con una normatividad procesal.

El mismo documento continúa mencionando que:

> "El artículo 27 del Convenio se señala que una Autoridad Central no estará obligada a aceptar la solicitud de restitución cuando se ponga de manifiesto que no se han cumplido las condiciones requeridas o que la solicitud carece de fundamento, siendo el caso particular que las solicitudes que la Autoridad Central Española no admite por considerar que carecen de fundamento, son las que se basan en los hechos, es decir, cuando el solicitante no ha iniciado ninguna acción judicial en su país, no ha denunciado la desaparición de sus hijos, no presenta documentos de pago de pensión de alimentos, certificados de

---

[206] García Revuelta, Carmen, *Op. Cit.*, pág. 4, disponible en el link: http://www5.poderjudicial.es/CVsm/Ponencia_6_ES.pdf, consultado el 17 de agosto del 2020.

> escolaridad, esto es ningún documento que pruebe su relato. Sin embargo, en los casos en los que, tras exponer las razones de la no admisión y la Autoridad requirente insiste, se solicita el certificado del artículo 15 del Convenio." [207]

Ahora bien, en lo que respecta a la localización de los menores sustraídos y dado que una de las obligaciones establecidas en el Convenio de La Haya refiere:

> "En España, la Autoridad Central se sirve de INTERPOL para la ubicación de los menores y si bien los resultados son altamente positivos, en ocasiones la localización se demora en exceso y dado que estos asuntos no son de seguridad pública resulta claro que no son prioritarios frente a otras situaciones en las que INTERPOL debe intervenir, aunado a que su intervención es limitada ya que al actuar como colaborador, no puede realizar ciertas investigaciones sin una orden judicial previa (lógicamente, antes de conocer el domicilio exacto de los menores, no se puede presentar la demanda y por tanto aún no hay ningún juez competente)."[208]

Vale la pena señalar que en el caso de la Organización Internacional de Policía Criminal (INTERPOL), muchos países recurren a ella, ya que al contar con sistemas de datos de diversos países y ser como su nombre lo dice una organización internacional con el mayor número de países afiliados, incluso mayor que la propia Organización de la Naciones Unidas según su propia página, facilita la localización de los menores sustraídos o retenidos ilícitamente en una gran cantidad de países.[209]

---

207 *Ibidem*, pág. 5.

208 *Ídem*.

209 Para ver los países afiliados véase el sitio web, disponible en: https://www.interpol.int/es, consultado el 18 de agosto de 2020.

De esta forma y continuando con el estudio del Reglamento 2201/2003 en lo que respecta a la representación y asistencia, el mismo refiere:

> "Este país no ha formulado reserva al artículo 26 del Convenio, por lo cual toda persona que presente una solicitud ante la Autoridad Central Española, va a obtener asistencia inmediata, sin necesidad de que demuestre que carece de recursos económicos.
>
> Esta representación no se va a procurar por los mismos letrados que representan a los ciudadanos sin recursos, los Abogados de Oficio, sino por los Abogados del Estado.
>
> Así, una vez que la Autoridad Central admite a trámite una petición remite toda la documentación a la Abogacía del Estado de la provincia en la que se encuentra el menor. Los "Abogados del Estado" son funcionarios altamente cualificados que representan al Estado y defienden sus intereses cuando el Estado es parte en un proceso judicial. Así, cuando presentan ante el juzgado una solicitud de restitución o visitas lo hacen en nombre y representación de la Autoridad Central Española, Ministerio de Justicia, en defensa de la aplicación de un convenio internacional.
>
> La principal desventaja es que el contacto entre el Abogado del Estado y el solicitante siempre se realiza a través de la Autoridad Central. La falta de comunicación directa entre el peticionario y el Abogado del Estado encargado de la tramitación del caso ha sido criticada. Puede, sin embargo, explicarse por el hecho de que el Abogado del Estado no se ocupa de los intereses de personas particulares ya que su función es representar al Estado en defensa de los interese generales. El solicitante puede contratar los servicios de un abogado particular si lo desea. El artículo 29 del Convenio permite que el solicitante reclame directamente ante las autoridades judiciales En tal caso, la Autoridad Central declina toda responsabilidad por lo que respecta a la resolución del caso, limitándose a proporcionar asesoramiento.
>
> Cuando el caso lo requiere, a fin de prevenir que el menor sufra mayores daños, ya sea a petición de la autoridad central requirente o bien a nuestro juicio, se requiere al abogado que en su demanda solicite el internamiento del menor en un centro de protección de menores. Esta medida sólo se

> solicita en los casos graves y el juzgado suele acordar las medidas pertinentes."[210]

De lo anterior, se puede ver que España por el conducto de su Autoridad Central representa al Estado si la persona no cuenta con los recursos necesarios y si los tiene y decide contratar un abogado particular, cambia su rol al de asesorar, lo cual llama la atención en aras de proteger el interés superior del menor, llegando incluso a internarlo cuando su integridad pueda estar en peligro grave.

En este mismo orden de ideas, lo relativo al procedimiento se regulaba en España en los artículos 1901 a 1909 de la Ley de Enjuiciamientos Civil de 1881 en la redacción dada por la ley Orgánica 1/96, de Protección Jurídica del Menor, sin embargo, se actualizó por la Ley 15/2010, en la cual en el capítulo IV BIS, se contemplan las medidas relativas a la restitución o retorno de menores en los supuestos de sustracción internacional.

De igual manera en el numeral XII de la exposición de motivos de la Ley 15/2010, se puede apreciar de manera clara la finalidad de ésta, la cual de manera literal señala:

> "La modificación de la Ley de Enjuiciamiento Civil, sirve también para actualizar el procedimiento para el retorno de los menores en los casos de sustracción internacional, al objeto de asegurar una mejor protección del menor y de sus derechos. Esta reforma revisa la opción legislativa consistente en mantener esta materia dentro del campo de la jurisdicción voluntaria y fuera del ámbito propio de los procesos contenciosos de familia, pues se trata de procesos que poco tienen que ver con las normas relativas a la jurisdicción voluntaria. Por este motivo se aborda ahora su regulación como un proceso especial y con sustantividad propia, a continuación de los procesos matrimoniales y de menores en la Ley de Enjuiciamiento Civil. La reforma también moderniza este procedimiento, en el

---

210 *Ibidem*, pág. 9.

que se introducen mejoras sustanciales, incluyendo las medidas cautelares y las comunicaciones directas entre autoridades judiciales."[211]

Así las cosas, dicha ley, complementa lo que señala el propio Reglamento 2201/2003, que aplica en concordancia con la comunidad europea y que a la letra refiere:

Artículo 1904:

"Promovido el expediente mediante la solicitud a la que se acompañará la documentación requerida por el correspondiente convenio internacional, el Juez dictará, en el plazo de veinticuatro horas, resolución en la que se requerirá a la persona que ha sustraído o retiene al menor, con los apercibimientos legales, para que en la fecha que se determine, que no podrá exceder de los tres días siguientes, comparezca en el juzgado con el menor y manifieste:

a. Si accede voluntariamente a la restitución del menor a la persona, institución y organismo que es titular del derecho de custodia o, en otro caso,

b. Si se opone a la restitución por existir alguna de las causas establecidas en el correspondiente convenio cuyo texto se acompañará al requerimiento."

(…)

Cuando el sustractor accede a la restitución voluntaria, se levanta acta del mismo. Sin embargo, se echa en falta que el Juez no disponga en detalle la forma en que debe desarrollarse el retorno y las consecuencias de su incumplimiento. Al no disponer el plazo en que deberá retornar al menor, en ocasiones se ha debido solicitar la ejecución tras varios meses, al comprobar que el sustractor no tiene ninguna intención de retornar al menor.

---

211 Véase la página web de la Agencia Estatal del Boletín Oficial del Estado, disponible en el link: https://www.boe.es/diario_boe/txt.php?id=BOE-A-2015-7391, consultado el 18 de agosto de 2020.

Si el sustractor no accede a la restitución voluntaria, el procedimiento continuará por los trámites del juicio verbal. A este fin:

a. *En el mismo acto de comparecencia serán citados todos los interesados y el Ministerio Fiscal, para que expongan lo que estimen procedente y, en su caso, se practiquen las pruebas, en ulterior comparecencia, que se celebrará dentro del plazo improrrogable de los cinco días a contar desde la primera.*

b. *Asimismo, tras la primera comparecencia el Juez oirá, en su caso, separadamente al menor sobre su restitución y podrá recabar los informes que estime pertinentes."*

Lo anterior, sin olvidar que la Ley 15/2015, igualmente tiene en la Disposición final vigésima segunda, las medidas para facilitar la aplicación en España del Reglamento (CE) n. 2201/2003 del Consejo, de fecha 27 de noviembre de 2003, relativo a la competencia, el reconocimiento y la ejecución de resoluciones judiciales en materia matrimonial y de responsabilidad parental, por lo cual bien deben tomarse en consideración ambas para los fines de una correcta aplicación.[212]

Sin embargo, quizá el mayor problema, es el que se da en relación con la interpretación y aplicación del derecho extranjero, destacando países como Francia Alemania y Holanda, ya que el propio Reglamento refiere a la letra:

"Los principales problemas se dan con países como Francia, Alemania y Holanda, que confunden la institución de la patria potestad con la guarda y custodia, o no comprenden que el ejercicio de la patria potestad es compartido entre ambos progenitores, independientemente de si están o no casados. La Constitución española en su artículo 39, garantiza la protección social, económica y jurídica de la familia, en su doble faceta

---

212 Véase la Ley 15/2015, de 2 de julio, de la jurisdicción voluntaria en el link: https://www.boe.es/buscar/act.php?id=BOE-A-2015-7391, consultada el 13 de septiembre de 2021.

> de derecho y garantía institucional. Este artículo ni prejuzga, ni describe el modelo familiar constitucionalmente protegido. Familia y matrimonio no son dos realidades coincidentes, aquella es una institución más amplia que éste, de suerte que la familia matrimonial no es la única constitucionalmente reconocida en la ley fundamental. Tal afirmación, ya reiterada por el Tribunal Constitucional en más de una ocasión, es además la lógica derivación de otros preceptos constitucionales garantes de la libertad personal y la no discriminación, tales como el artículo 10.1 cuando proclama la dignidad personal y el libre desarrollo de la personalidad como fundamentos del orden político y de la paz social o el artículo 14 donde se ubica el principio de igualdad ante la ley y en la aplicación de la ley."[213]

Por otro lado, tanto el Convenio de La Haya de 1980, así como el Reglamento son concordantes con los plazos para tramitar la solicitud de restitución, ya que ambos que sus respectivos órganos jurisdiccionales deben de actuar con celeridad y urgencia, para lo cual dispondrán del término de 6 semanas una vez interpuesta la demanda respectiva, siempre buscando medidas que garanticen dicha restitución o en su caso encontrar alguna solución amigable entre las partes.

Ahora bien, en lo que respecta a las resoluciones judiciales en el caso de que se niegue la misma, en España, el abogado del Estado, es el encargado de apelar la sentencia, salvo que éste fundamentada en hechos probados que la impiden como pueden ser que el menor ha cumplido los 16 años, que exista un riesgo para su retorno, que no tengan derechos sobre el menor, sin embargo dicha denegación no es algo frecuente ya que el propio artículo 13 de dicha Convención es claro en los

---

[213] Véase el artículo 7 c), del Convenio de la Haya de 1980 sobre restitución internacional de menores.

casos de excepción, por lo que las mismas deben ser interpretadas en un modo restrictivo para no desvirtuar el Convenio.[214]

Lo antes citado se encuentra contemplado en el artículo 10.4 del Reglamento 2201/2003, el cual establece que los órganos jurisdiccionales no podrán denegar la restitución de un menor basándose en lo dispuesto en la letra b) del artículo 13 del Convenio de La Haya de 1980 si se demuestra que se han adoptado medidas adecuadas para garantizar la protección del menor tras su restitución.

Así las cosas, se debe mencionar que en una gran mayoría de los casos se ordenará la restitución, salvo caso de excepción. Por otro lado, y en lo que respecta a la ejecución de las resoluciones, igualmente hay que resaltar que así como en México, el cumplimiento de las resoluciones acarrean la problemática de la burocracia, aunado a en muchos casos la desobediencia del sustractor para dar cumplimiento en las mismas es otro factor a tomar en cuenta, lo que sumado a la eficacia de las autoridades al cumplimiento de sus resoluciones, trae un rezago y complejidad digna de resaltar.

Vale la pena citar que la restitución internacional de menores está regulada en esta parte procesal por lo dispuesto en la Ley de enjuiciamiento civil, en su capítulo IV, concerniente a la restitución o retorno de menores en los supuestos de sustracción internacional, en donde refiere que contra el Auto que ordene o deniegue la restitución, sólo cabrá recurso de apelación, en un solo efecto. Esto es, que aun cuando la resolución no sea firme podrá ejecutarse provisionalmente, sin embargo, en la práctica hasta que no se encuentra firme, difícilmente se

---

214 Véase Pías García, Esther (Asociación española de abogados de familia, coords.), "*La sustracción interparental de menores*", Madrid, Dykinson, 2005, págs. 35 y 36.

ejecutará la misma, por lo que cabe la posibilidad que se ejecute y en la segunda instancia se revoque la misma.

Mención especial es la que sucede en España con la mediación cuando surge la sustracción o retención internacional de menores, ya que si bien es cierto no se encuentra contemplado de manera expresa, la misma si puede ser viable, máxime que la Unión Europea se ha encargado de impulsar dichos métodos, tal y como se aprecia con su Recomendación R (98), 1 del Consejo de Ministros a los Estados Miembros sobre la Mediación Familiar, hecho que incluso se ha fortalecido con la figura del Mediador Parlamentario Europeo para los casos de sustracción internación de menores y cuya principal finalidad es ayudar a ambos progenitores para que puedan encontrar la solución que más les beneficie tanto a ellos como al menor sobre cualquier otro supuesto. De esta forma, en la medida en que continúen estos grupos de Trabajo, es que se verá fortalecida esta figura y por tanto existan mayores formas de solución de controversia de manera que todas las partes queden conformes.[215]

Al respecto, dicha recomendación en los artículos 7 y 11,[216] refieren de manera expresa la necesidad de promover e instituir la mediación familiar y en su caso fortalecerla en todo momento para prevalecer la comunicación familiar tratando de reducir los litigios, los plazos y los costos, hecho que resalta

---

215 Marín Pedreño, Carolina, "*Sustracción internacional de menores y proceso legal para la restitución del menor*", 2ª Edición, España, Ed. Ley 57, 2015, págs. 161-168.

216 Para mayor información, véase la Recomendación No. R (98) 1, dictada por el Comité de Ministros a los Estados Miembros de la Unión Europea sobre la Mediación Familiar aprobada en 1988, disponible en el link: https://www.ucm.es/data/cont/media/www/pag-40822/recomendacioneuropea.pdf, consultado el 13 de septiembre de 2021.

el uso de dicho medio como una vía para solucionar las controversias del orden familiar y en el caso en cuestión, de la sustracción internacional de menores, lo cual debería implementarse como se ha dicho en todos los mecanismos semejantes para proteger el interés superior del menor.

Capítulo 5

Mecanismos alternos de solución de controversias y la mediación en México

Una vez analizada tanto la sustracción internacional de menores y su procedimiento en lo relativo al Convenio de La Haya sobre los Aspectos Civiles de la Sustracción Internacional de Menores y en lo relativo a la Convención Interamericana sobre la Restitución Internacional, y una vez realizado un breve estudio del Derecho comparado en relación al tema que se estudia, se debe analizar que tan viable es aplicar los mecanismos alternativos de solución de controversias en México y con ello ver si es posible resolver dichos conflictos por medio de alguno de éstos, enfocándose a la mediación familiar, para lo cual se empezá el presente capítulo con el concepto y la naturaleza jurídica de dichos mecanismo alternativos de solución de controversias en nuestro país.

5.1. CONCEPTO Y NATURALEZA JURÍDICA

Los mecanismos alternativos de solución de controversias en México han tenido una mayor importancia a partir de la reforma de junio del 2008 de la Constitución Política de los Estados Unidos Mexicano, y de manera particular en su artículo 17, en el cual se otorgan facultades para que se legisle respecto de estos mecanismos, teniendo como objetivo principal el auxiliar al poder judicial en materias como civil, penal, familiar, mercantil y justicia para adolescentes, en dicho artículo se dispone lo siguiente:

> *(...)*
>
> *Las leyes preverán mecanismos alternativos de solución de controversias. En la materia penal regularán su aplicación, asegurarán la reparación del daño y establecerán los casos en los que se requerirá supervisión judicial.*
>
> *(...)*[217]

Lo anterior, se encuentra relacionado con el artículo 8 de la Convención Americana sobre Derechos Humanos (de la cual México forma parte), misma que reglamenta los derechos que el Estado deberá de garantizar en los procedimientos judiciales, así como con el artículo 14 del Pacto Internacional de los Derechos Civiles y Políticos, el cual considera los derechos de igualdad de todas las personas ante los tribunales y el de debido proceso,[218] lo cual hace que el acceso a los mecanismos alternativos de solución de controversias sean reconocidos como un derecho humano en México.

La anterior referencia, incluso ha sido mencionada por la Suprema Corte de Justicia de la Nación al señalar que *"(...) las personas pueden resolver sus controversias, sin necesidad de una intervención jurisdiccional, y consisten en la negociación*

---

217 Constitución Política de los Estados Unidos Mexicanos, disponible en el link: http://www.diputados.gob.mx/LeyesBiblio/pdf/1_090819.pdf, consultado el día 23 de octubre del 2019.

218 Artículo 14

1.- Todas las personas son iguales ante los tribunales y cortes de justicia. Toda persona tendrá derecho a ser oída públicamente y con las debidas garantías por un tribunal competente, independiente e imparcial, establecido por la ley, en la substanciación de cualquier acusación de carácter penal formulada contra ella o para la determinación de sus derechos u obligaciones de carácter civil.

...

(autocomposición), mediación, conciliación y el arbitraje (heterocomposición) (...) "[219], reconociendo a los mecanismos como un derecho humano.

De igual manera, en el artículo 18 de nuestra Carta Magna, se reconocen los mecanismos alternativos de solución de controversia tratándose de justicia para adolescentes al mencionar:

> *(...)*
>
> *Las formas alternativas de justicia deberán observarse en la aplicación de este sistema, siempre que resulte procedente. El proceso en materia de justicia para adolescentes será acusatorio y oral, en el que se observará la garantía del debido proceso legal, así como la independencia de las autoridades que efectúen la remisión y las que impongan las medidas. Éstas deberán ser proporcionales al hecho realizado y tendrán como fin la reinserción y la reintegración social y familiar del adolescente, así como el pleno desarrollo de su persona y capacidades. El internamiento se utilizará sólo como medida extrema y por el tiempo más breve que proceda, y podrá aplicarse únicamente a los adolescentes mayores de catorce años de edad, por la comisión o participación en un hecho que la ley señale como delito.*
>
> (...)[220]

Es importante precisar que estos mecanismos alternativos también tienen una regulación a nivel local. Así, en el caso por ejemplo de la Ciudad de México se debe mencionar que las disposiciones correspondientes a los mismos se hallan

---

219 Véase la tesis. III.2o.C.6 K (10ª.). *Semanario Judicial de la Federación y su Gaceta.* Registro 2004630, Tribunales Colegiados de Circuito, Libro XXV, Octubre de 2013, pág. 1723, disponible en el sitio web de la Suprema Corte de Justicia de la Nación, en el link: Detalle–Tesis–2004630 (scjn.gob.mx), consultado el 25 de octubre del 2017.

220 Véase el artículo 18 de la Constitución Política de los Estados Unidos Mexicanos.

principalmente en la Ley de Justicia Alternativa del Tribunal Superior de Justicia para el Distrito Federal.[221]

En este orden de ideas, resulta importante entender que los mecanismos alternativos de solución de controversias tienen como objeto de estudio la transición de las relaciones humanas conflictivas a relaciones armoniosas, provocando transformación en los seres humanos y por consiguiente su evolución teniendo como premisa básica la justicia social y el bien social, lo que implica prender el ser y su misión en un esquema de concertación social.[222]

En este mismo tenor y siendo uno de los medios alternativos de solución de controversias la mediación, es que se debe estudiar y entender como "un proceso de resolución o gestión de conflicto, en donde las partes asisten voluntariamente y con la ayuda de un tercero profesional, a construir acuerdos tomando decisiones de manera natural sobre el tema motivador del conflicto"[223], es decir, la mediación es un proceso voluntario y autónomo en el que existen dos o más partes con intereses contrapuestos, los cuales deben de trabajar con un profesional

---

221 Véase la Ley de Justicia Alternativa del Tribunal Superior de Justicia para el Distrito Federal.

222 Gorjón Gómez, Francisco, "*Mediación Ciencia Social Emergente*", Comunitania: International Journal of Social Work and Social Sciences Nº 12 / July 2016. Consultado el día 27 de octubre de 2019, pág. 23, disponible en su versión en línea en el link: http://revistas.uned.es/index.php/comunitania/article/view/18933/15825, consultado el 28 de octubre de 2019.

223 Landero, Egla, *"Los Mecanismos Alternativos de Solución de Controversias como Derecho Humano" en.* Revista Castellano-Manchega de Ciencias sociales, núm. 17, junio, 2014, pág. 92 Asociación Castellano Manchega de Sociología Toledo, España, disponible en: Redalyc.LOS MECANISMOS ALTERNATIVOS DE SOLUCIÓN DE CONTROVERSIAS COMO DERECHO HUMANO (revistaderecho.com.co), consultado el 28 de octubre de 2019.

imparcial denominado *mediador* o facilitador, que va a tener como propósito principal que las partes generen sus propias soluciones y obtengan un resultado equitativo y justo.

La mediación plantea un menor problema a diferencia de los demás medios alternativos de solución de controversias debido a la incapacidad del tercero de obligar a las partes a llegar a una resolución, ya que, el mediador sólo facilita el diálogo, coadyuva con las partes en la solución del conflicto y, por tanto, no impone una solución.

Es decir, a diferencia de cualquier resolución que sea vía jurisdiccional o bien por medio de un tercero que dicta quien tiene la razón, la mediación, es un mecanismo consensual, rigurosamente voluntario, que sólo pueden aplicarse cuando existe una anuencia claramente expresada por las partes involucradas. El tercero neutral tiene únicamente una función facilitadora, no cuenta como el árbitro y como el juez con la facultad de decidir.[224]

Lo anterior igualmente puede aplicarse en el proceso de restitución, ya que bien puede encontrar una solución amigable entre las partes del problema y ayudar en el actuar de las Autoridades centrales, evitando con ello, problemas futuros entre los integrantes del seno familiar y en concreto en relación a los niños, niñas y adolescentes, aportando según la propia Guía de Buenas Prácticas en virtud del Convenio de La Haya de 25 de octubre de 1980 sobre los Aspectos Civiles de la Sustracción Internacional de Menores, diversos beneficios como son: facilitar la comunicación entre las partes en un ámbito informal, permitir que las partes desarrollen su propia estrategia respecto de cómo superar el conflicto, adecuándolo a las necesidades del caso particular.

---

224 *Ibidem*, pág. 93.

En este sentido, se plantea en la mediación la discusión simultánea de consideraciones jurídicas y no jurídicas, así como también la participación informal de personas (terceros) que podrían no tener una legitimación en el caso. Del mismo modo, faculta a las partes a hacer frente a conflictos futuros de manera más constructiva e incluso previniendo eventualmente otros más evitando procesos legales que incluso pueden entrar en la competencia de diversos Estados lo cual conflictuaría más el aspecto legal.[225]

Al respecto, la comunidad internacional por conducto de diversos organismos no gubernamentales en el tema de la mediación familiar como el *International Social Service (ISS)*, implementando el denominado *Collaborative Process on International Family Mediation,* en Ginebra Suiza el 21 de octubre del 2015, con el título de *Cross Borden Child Protection Conference and Workshop,* desarrolló un taller bajo el título de *Consultation of the Charter for International Family Meditation* Processes, el cual contó con 55 mediadores especializados en materia familiar internacional planteando diversas problemáticas en el tema, quienes después de un trabajo continuo, en noviembre del 2016 culminaron su trabajo con el citado *Charter for International Family Meditation Processes,*[226]el cual contiene diversos

---

[225] Véase la Guía de Buenas Prácticas en virtud del Convenio de La Haya de 25 de octubre de 1980 sobre los Aspectos Civiles de la Sustracción Internacional de Menores en sus páginas 22 y sigs., disponible en el sitio web de la Convención de la Haya, en el link: https://assets.hcch.net/docs/b9315187-a07c-4f4f-a6c4-f764701bd80a.pdf, consultado el 31 de diciembre de 2021.

[226] Véase González Martín, Nuria y Portal Solís, Emilia Guadalupe, "*Medios Alternativos de Resolución de Disputas*", págs. 491 a 493, en Tenorio Godínez, Lázaro, Rubaja Nieve, Florencia (coords.), "*Cuestiones complejas en los procesos de restitución internacional de Niños en Latinoamérica*", Editorial Porrúa, México, 2017.

principios que en su opinión de deben seguir los mediadores que participen en este tipo de supuestos como son:

1. Participación voluntaria.
2. Pertinencia de la mediación.
3. Toma de decisiones por los participantes.
4. Acceso a asesoramiento jurídico independiente para cada participante.
5. Confidencialidad.
6. Independencia.
7. Imparcialidad.
8. Consideración de los derechos e intereses de los niños.
9. Cualificaciones de los mediadores familiares internacionales.
10. Conciencia y sensibilidad cultural de los mediadores.[227]

Al respecto con los principios antes citados, se busca que sirvan de base para los mediadores que intervengan en este tipo de asuntos, sin embargo, llama la atención que los mismos no son los mismos que son considerados en nuestro país como los rectores de la mediación, hecho que sobresale, ya que si bien es cierto que algunos son comunes, otros no lo son, tal y como a continuación se verá.

---

227 Véase el documento completo en su versión en línea en el link: https://ifm-mfi.org/sites/default/files/CHARTER/SPANISH/Charter_IFM_ES.pdf, consultado el 31 de diciembre de 2021.

5.2. PRINCIPIOS DE LA MEDIACIÓN EN MÉXICO

En nuestro país, la mediación debe regirse por principios interrelacionados y dependientes tales como:

a) Voluntariedad: las partes que acuden ante un tercero imparcial lo harán de manera libre y sin la presencia de vicios del consentimiento;

b) Confidencialidad: queda prohibida la divulgación de lo expuesto durante el proceso que ejecuten las partes;

c) Flexibilidad: dado que tiene un carácter de negociabilidad y cooperación, la mediación debe atender a los intereses particulares de cada una de las partes;

d) Imparcialidad: el mediador debe de tener una relación independiente respecto de las partes, es decir, no debe de tener relaciones previas o intereses sobre ninguna de ellas;

e) Neutralidad: el mediador no puede imponer una resolución a las partes, puesto que son éstas quienes por sí mismas deben de alcanzar un acuerdo;

f) Equidad: debe de prevalecer el equilibrio entre las partes con el fin de que se puedan alcanzar resultados que beneficien en la misma medida a éstas;

g) Legalidad: las acciones y resultados de la medicación deberán estar conforme a la voluntad de las partes, la ley, la moral y las buenas costumbres;

h) Economía: se buscará emplear el menor gasto, tiempo y desgaste personal posible.[228]

---

[228] Véase el artículo 8 de la Ley de Justicia Alternativa del Tribunal Superior de Justicia para el Distrito Federal.

Si bien es cierto que la mediación se rige por los principios ya mencionados, también es importante señalar que para que se pueda llevar a cabo la misma, es indispensable la figura del acuerdo de sometimiento mismo que consiste en el pacto suscrito por las partes para someter su controversia al procedimiento de mediación, donde se establecen las bases y reglas mínimas del procedimiento, de igual manera se precisan los derechos y obligaciones de los mediados.[229]

Siguiendo esta línea argumentativa, cabe aclara que el mediador es una persona neutral que no posee un carácter de autoridad decisional[230] puesto que no es quien impone soluciones, sino que pretenden acercar a las partes conflictuadas para que entablen un diálogo y se realice una comunicación efectiva que conlleve al entendimiento de los involucrados y puedan llegar a un acuerdo; de forma que se puede apreciar que se trata de un mecanismo con características de cooperatividad, negociación y estrategia.

En este sentido, incluso la comunidad internacional ha buscado que siempre que exista una sustracción de niños, niñas y adolescentes de manera transfronteriza, intervengan mediadores internacionales, los cuales deberán de conocer los rasgos propios de cada una de las culturas y aspectos sociales de las partes en conflicto, debiendo igualmente ser bilingües, esto a

---

229 Hernández Tirado, Héctor, "*Manual de la sesión inicial de mediación*", Cuadernos de Derechos Humanos núm. 2, Colección CODHEM, México, 2012, pág. 19, disponible en: https://archivos.juridicas.unam.mx/www/bjv/libros/10/4967/4.pdf, consultada el día 26 de octubre de 2019.

230 Calcaterra Rubén A., "*Mediación estratégica*", Editorial Gedisa, México, 2002, pág. 32.

fin de conocer el entorno de estas y con ellos evitar las disputas que puedan surgir en este tipo de supuestos.[231]

Al respecto considero que el simple hecho que existan estos mediadores internacionales, bien podría simplificar las disputas culturales y sociales entre las partes en cuanto a su entorno, sin embargo, también creo que el principal problema que he visto en la práctica al menos en nuestro país, es el que se da de manera administrativa y burocrática, en donde los tiempos para la aplicación de la justicia y el respeto de los plazos como ya fue citado anteriormente son la principal causa de descontento, hecho al que si adicionamos que forzosamente tenga que intervenir un mediador internacional, seguramente alargaría los plazos y daría más complicaciones administrativas para encontrar el personal ideal al caso particular.

Así mismo, es importante señalar que por la misma situación, a mi juicio sería más conveniente adicionar una etapa de mediación dentro del procedimiento de sustracción, ya que si la propia Convención refiere la posibilidad de tener una solución "amigable", por lo cual, resulta claro que al menos al adecuar la Convención a la legislación local, se podría fomentar esta etapa para que de este modo, las partes puedan llegar a un arreglo de acuerdo a sus propias necesidades y sin entrar en procesos jurisdiccionales con las complejidades que esto conlleva y que ya se han citado.

En México, la mediación ha tenido un gran impulso en los últimos años, ya que en dicho mecanismo las partes tienen la posibilidad de plantear posibilidades que más les favorezcan y así lograr un acuerdo en el cual las pretensiones de estas, logren compaginarse y tener un resultado favorable con la ayuda

---

231 Véase González Martín, Nuria y Portal Solís, Emilia Guadalupe, "*Medios Alternativos de Resolución de Disputas*", págs. 494-498, en Tenorio Godínez, Lázaro, Rubaja Nieve, Florencia (coords.), *Op. Cit.*

de un tercero, el cual sólo se encargará de guiarlas para concluir de manera efectiva un proceso de mediación a través de un acuerdo.

Hoy en día, la mediación ha realizado una expansión en diferentes ramas del derecho, como es el caso del familiar, sin embargo, en esta rama del Derecho, es indispensable realizarlo de una manera especial toda vez que al estar relacionado el conflicto con un menor de edad, deben tomarse ciertos criterios para que dicho acuerdo pueda ser eficaz sin que exista ninguna vulneración a los derechos de los niños, niñas y adolescentes, máxime que el Derecho Familiar es de orden público y por tanto, tiene diversas tendencias regulatorias proteccionistas hacia la familia y en particular hacia los niños, niñas y adolescentes.

De igual manera, la mediación se ha fomentado en la materia penal en donde se ha privilegiado la reparación del daño sobre la sanción, lo cual ha permitió a las partes a llegar a algún tipo de acuerdo al menos de manera económica para solventar la problemática existente tal y como a continuación se verá.

5.3. CONCEPTO Y MATERIAS APLICABLES A LA SUSTRACCIÓN INTERNACIONAL DE MENORES EN MÉXICO

En el sistema jurídico mexicano existen diversas definiciones para la figura jurídica de sustracción de menores, esto debido a que la sustracción de un niño, niña o adolescente, puede ser estudiada desde diversas ramas del orden jurídico; a saber, el derecho familiar, el derecho penal, los derechos humanos y el derecho internacional. Ante esta situación, se realizará una breve referencia a la normatividad que define "la sustracción de menores".

5.3.1 Derecho Penal

La rama criminal tiene como objeto salvaguardar los bienes jurídicos más importantes en el orden social (*ultima ratio)*, ante esta situación el legislador consideró que era de vital importancia proteger, en particular, dos derechos reconocidos a los menores de edad: **a)** la libertad y **b)** el libre desarrollo del menor.

Ahora bien, el artículo 366 Ter del Código Penal Federal, establece que: "C*omete el delito de tráfico de menores* (internacional), *quien traslade a un menor de dieciséis años de edad o lo entregue a un tercero, de manera ilícita, fuera del territorio nacional, con el propósito de obtener un beneficio económico indebido por el traslado o la entrega del menor…*"[232] De esta descripción típica del delito de sustracción de menores, se desprenden diversos rasgos característicos del mismo: **a)** la victima siempre será un menor de edad, lo que establece una calidad especifica del sujeto de pasivo; y **b)** la acción condicionada del hecho criminal es que el sujeto activo – quien comete el delito – debe trasladar al menor de manera ilícita fuera del territorio nacional, lo que establece que es un delito de acción y no de omisión.

Sin embargo, no son los únicos delitos relacionados con la sustracción de menores, ya que es común que la misma se derive de un aspecto de violencia familiar previo en donde la culminación evidente se da cuando el progenitor o pariente, decide sustraer al menor de su lugar de residencia habitual. Al respecto y si bien es cierto que existe una excepción para el retorno del niño, niña y adolescente a su lugar de residencia habitual, tal y como fue señalado en el capítulo del procedimiento, también lo es, que en la práctica es sumamente común ver como las partes realizan innumerables denuncias y "crean" delitos para adecuarse a esta excepción, lo

[232] Véase el Código Penal Federal.

que incluso solamente genera atrasos en la restitución en los plazos citados por la propia Convención.

En este mismo tema, es preciso entender que el simple hecho de presentar o tramitar una denuncia en contra de quien tiene la custodia del niño, niña o adolescente, no puede suspender o negar la restitución al lugar de residencia por ese simple hecho, sino que se debe en su caso, acreditar el delito y que exista un riesgo para el menor y con ello adecuarse a la excepción señalada en la propia Convención, por lo que incluso igualmente hay que distinguir las denuncias que existan entre los propios progenitores, con aquellas en las cuales efectivamente se afecte al niño, niña o adolescente, toda vez que el hecho que exista violencia entre los progenitores, esto no con lleva forzosamente violencia hacia el menor, el cual es un tema en el que se debe poner especial atención.

Así las cosas, resulta por demás evidente que puede haber diferencias e incluso violencia entre los progenitores y no con ello forzosamente, dicha violencia se hace extensiva hacia los niños, niñas y adolescentes, por lo cual, hay que distinguir estos puntos para considerar cuando existe un riesgo para que el menor regrese a su lugar de residencia habitual y cuando no.

Igualmente debemos diferenciar la violencia entre los progenitores, con el hecho que los progenitores sean objeto de violencia doméstica, familiar, o de cualquier otro tipo, por lo cual nuevamente la mediación familiar puede ser una forma de solucionar las controversias existentes de una manera más integral y sin entrar en procesos de restitución desgastantes tanto física como económicamente hablando, ya que como se ha citado, con la mediación pueden resolverse cuestiones no solamente relativas a la propia sustracción sino también inherentes a otros aspectos en conflicto.

5.3.2 Derechos Humanos

La Convención Interamericana sobre Restitución Internacional de Menores, define en su artículo cuarto a la sustracción de menores como un acto ilegal al señalar:

> *Artículo 4*
>
> *"Se considera ilegal el traslado o la retención de un menor cuando se produzca en violación de los derechos que ejercían, individual o conjuntamente, los padres, tutores o guardadores, o cualquier institución, inmediatamente antes de ocurrir el hecho, de conformidad con la ley de la residencia habitual del menor."*[233]

Conforme a la disposición legal citada, se desprende que una vez cometido el acto ilegal de sustracción de un menor, cualquier individuo que ejercía la custodia del menor podrá iniciar un procedimiento para la restitución del menor, mismo que comenzará con una solicitud presentada por aquel que ejerza la custodia a través de la autoridad central.

En México además del procedimiento jurisdiccional ya estudiado que se encuentra en la Convención de La Haya de 1980 sobre los Aspectos Civiles de la Sustracción Internacional de Menores y la Convención Interamericana sobre Restitución Internacional de Menores respecto de la retención y traslados ilícitos de menores en el extranjero, los Códigos Penales de las Entidades Federativas tipifican como delitos la retención o sustracción de menores de edad[234], estableciendo

---

[233] Convención Interamericana sobre Restitución Internacional de Menores, disponible en el sito web de la Convención de la haya, en el link: HCCH | Sección Latinoamérica y el Caribe, consultado el 26 de abril del 2019.

[234] Véase Artículos 171 a 173 del Código Penal del Distrito Federal ahora Ciudad de México, disponible en el sitio web del Congreso de la Ciudad de México, en el link: Microsoft Word–codigo penal.docx (congresocdmx.gob.mx), consultado el 28 de abril del 2019.

una protección integral en las 32 entidades federativas, para efecto de que todos los menores en la República Mexicana sean protegidos sus derechos, como es el caso de la convivencia con sus Padres mientras se resuelve la referida sustracción.

Por su parte, la Fiscalía General de la República es una de las autoridades competentes para la investigación de la comisión del delito de sustracción internacional de menores[235], sin embargo en México la Secretaría de Relaciones Exteriores resulta ser competente para realizar todos los procedimientos necesarios para la restitución internacional del menor, toda vez que en la Convención de La Haya de 1980 en su artículo 11 establece que "(…) las autoridades judiciales o administrativas de los Estados contratantes actuarán con urgencia en los procedimientos para la restitución de los menores. (…)"[236], por lo cual se le atribuye la facultad de realizar todas las gestiones necesarias para salvaguardar los derechos de custodia y de visita que se encuentren reconocidos en el país de residencia permanente del menor.

Por lo tanto, el procedimiento para que se realice la restitución internacional del menor se lleva a cabo ante la Autoridad Central (dependencia señalada en la Convención de La Haya como la encargada de realizar la gestión), siendo el caso de México la Secretaria de Relaciones Exteriores, quien deberá recibir el formato debidamente requisitado, mismo que deberá de

---

235 Véase el artículo 21 de la Constitución Política de los Estados Unidos Mexicanos, disponible en el sitio web de la Cámara de Diputados del H. Congreso de la Unión, en el link: http://www.diputados.gob.mx/LeyesBiblio/pdf/1_090819.pdf, consultado el 28 de abril del 2019.

236 Véase el artículo 11 de la Conferencia de la Haya de Derecho Internacional Privado, publicado en el Diario Oficial de la Federación el 6 de marzo de 1992, disponible en: https://www.dof.gob.mx/nota_to_imagen_fs.php?cod_diario=200377&pagina=2&seccion=0, consultado el 18 de abril de 2022.

cumplir con ciertos documentos que acrediten que la persona que está solicitando la restitución del menor ante la Dirección General de Protección a Mexicanos en el Exterior, efectivamente es el/la titular de la guardia y custodia del niño, niña o adolescente y que éste/a tiene un lugar de residencia diverso a donde en ese momento se encuentra, hecho fundamental para solicitarla, así como el domicilio en donde se cree que se encuentre y fotografías para poderlo reconocer.

De igual manera, en dicha solicitud para la restitución del menor y, con base en la Convención de La Haya sobre los Aspectos Civiles de la Sustracción Internacional de Menores, según ya se ha estudiado, se encuentra un apartado en el cual se narran los hechos y las circunstancias de como ocurrió la sustracción del menor de edad, así como una propuesta de retorno o convivencias con el menor,[237] este último apartado, resulta de vital importancia, ya que la persona que es titular de la guardia y custodia del menor de edad, asume que el país receptor de la solicitud, cumplirá con todas las obligaciones establecidas en el Convenio de La Haya y dentro de las cuales destacan las siguientes:

- Adoptar medidas para la localización del menor.
- Prevenir que sufra mayores daños y evitar perjudicar a las partes interesadas.
- Garantizar la restitución voluntaria de niñas, niños y adolescentes.
- Iniciar o facilitar la apertura de un juicio o procedimiento jurisdiccional o administrativo para que se decrete un

---

[237] Dirección General de Protección a Mexicanos en el Exterior. *FORMATO RESTITUCION INTERNACIONAL DE PERSONA MENORES DE EDAD,* disponible en el sitio web de la Secretaría de Gobernación, en el link: https://www.gob.mx/cms/uploads/attachment/file/84521/Formato_restitucion.pdf, consultado el 18 de abril de 2022.

régimen de visitas con el progenitor(a) del que fue separado(a).

- Garantizar, administrativamente, la restitución de las personas menores de edad, sin riesgo para ellas.

En relación con las obligaciones antes señaladas, el Convenio admite asimismo que la opinión del menor sea escuchada y en su caso, sea una cuestión esencial de su retorno o no retorno, lo anterior bajo la premisa que haya alcanzado una edad y una madurez suficientes para que la pueda expresar de manera objetiva.

Resulta claro que, aunque pueda ser un elemento de prueba convincente y objetivo el permitirle a los menores la posibilidad de participar en la toma de decisión e interpretación de su propio interés, resulta ser peligrosa dicha disposición si su aplicación se traduce en interrogatorios directos a jóvenes que puedan ciertamente, tener conciencia clara de la situación pero que pueden asimismo sufrir daños psíquicos graves si piensan que se les ha obligado a elegir entre sus dos progenitores.[238]

En este mismo tenor, hay que señalar que la participación de un niño, niña o adolescente en un proceso jurídico en México es de vital importancia para la resolución de un conflicto, toda vez que tanto en la Constitución Política de los Estados Unidos Mexicanos como en diversos tratados internacionales de los cuales México es parte y que ya han sido citados anteriormente, se encuentran consagradas de manera clara y precisa los derechos de los menores de edad, así como una protección

---

[238] Pérez-Vera, Elisa, *"Informe explicativo del Convenio sobre los Aspectos Civiles de la Sustracción Internacional de Menores"*, La Haya: HCCH publicaciones, 1982, pág. 7, disponible en el link: https://assets.hcch.net/docs/43df3dd9-a2d5-406f-8fdc-80bc423cdd79.pdf, consultado el día 24 de noviembre de 2019.

especial en la cual el Estado mexicano siempre velará por el intereses superior de éstos(as).

De esta forma, si el niño, niña o adolescente ya cuenta con la capacidad suficiente para cierta toma de decisiones deberá ser tomado en cuenta en cualquier momento su opinión, sin embargo, muchas veces la voluntad de éstos, también se puede encontrar viciada por quien ostente la guarda y custodia en ese momento, hecho que deberá valorar tanto la Autoridad Central, como quien realice la entrevista con el menor de edad, por lo cual nuevamente una forma de solución "amigable" como puede ser la mediación, puede ser más adecuada tomando en cuenta los intereses que se encuentran en conflicto, tal y como son los personales y familiares.

5.4. MEDIACIÓN Y SUSTRACCIÓN DE MENORES EN MÉXICO

El Convenio de La Haya de 1980, dentro de sus puntos fundamentales tiene como finalidad la protección de los derechos de custodia y de visita, así como de manera primordial la protección del interés superior del menor, por lo cual en el año de 2011, se desarrolló un proyecto de guía de buenas prácticas mismo que fue elaborado para la Comisión Especial en junio del mismo año, respecto de cómo debía ser el funcionamiento práctico del Convenio, mismo que ha dado pauta a que los Estados parte puedan aplicar mecanismos alternativos de solución de controversias, con el fin de agilizar los procedimientos necesarios para la restitución de un menor entre los países miembros.

En este orden de ideas, la mediación puede ser para la Convención de La Haya, uno de los mecanismos más eficaces en el tema de sustracción de menores ya que la mediación está destinada a desarrollar una solución amigable, a diferencia de los procedimientos judiciales o arbitrales en donde un tercero imparcial resuelve la controversia emitiendo una resolución, que si bien las partes deberán de someterse al resultado, lo cierto es que en ningún momento dicha resolución se acepta de manera amistosa.

Resulta ser entonces que las formas más amigables y útiles para que se resuelvan controversias de orden familiar son aquellas, donde las partes en conflicto, logran proponer formas idóneas para resolver el mismo, teniendo la madurez de decidir qué es lo más favorable para el niño, niña o adolescente, toda vez que al tratarse de una situación donde éste(a) es separado de su entorno habitual, el que dicha situación sea resuelta a través de una solución amigable en la cual las partes logren sentirse satisfechos con las decisiones tomadas, puede generar una mejor protección a los derechos del niño, tal y como sucede con el derecho a mantener relaciones personales y contacto con sus progenitores.

En este tenor, R. Greguer señala que las soluciones amistosas son más sustentables puesto que es más probable que las partes se adhieran a ellas. Al mismo tiempo, "establecen un marco menos conflictivo para el ejercicio de la guarda y el contacto y por lo tanto, son en el interés superior del niño." Más aún, se dice que las soluciones amigables son más satisfactorias para las partes; cada parte puede influenciar el resultado y participar en la búsqueda de una solución considerada "justa" para ambas partes. Solucionar controversias por acuerdo evita la percepción de que como resultado una parte "gana" y otra "pierde". Por el contrario, los procedimientos judiciales que versan sobre asuntos relativos a la guarda y custodia, pueden empeorar la relación entre los progenitores, y como consecuencia de ello niños, niñas y adolescentes pueden sufrir daños psicológicos irreversibles muchas veces.[239]

---

239 Véanse, por ejemplo, las conclusiones del informe evaluativo que compara los procedimientos de mediación y los jurídicos en las controversias familiares nacionales sobre guarda y contacto

Entendido lo anterior, se tiene que asumir que la mediación se encuentra mencionada en el artículo 7 inciso "c", de la Convención de La Haya sobre aspectos civiles de la sustracción internacional de menores dentro de las opciones para resolver un conflicto en el cual se encuentra justamente un menor de edad, señalando de manera literal: "Las Autoridades Centrales deberán colaborar entre sí y promover la colaboración entre las Autoridades competentes en sus respectivos Estados, con el fin de garantizar la restitución inmediata de los menores y para conseguir el resto de los objetivos del presente Convenio y refiriendo de manera expresa en el inciso c) garantizar la restitución voluntaria del menor o facilitar una solución amigable"[240], por lo cual, resulta claro que tal supuesto facilita y da la pauta para buscar siempre opciones que no forzosamente son judiciales como es justamente la mediación y la cual tiene la gran ventaja que resulta ser más eficaz más aún si se entiende que los procesos jurídicos en nuestro país pueden ser lentos y desgastantes.

Así las cosas, igualmente hay que apuntar que para que se pueda desarrollar la mediación en México se deben respetar

---

encomendado por el Ministerio Federal de Justicia alemán redactado por R. Greger, "*Mediation und Gerichtsverfahren in Sorge- und Umgangsrechtskonflikten*", enero de 2010, pág. 118, citado en: *Documento Preliminar Nº 5 de mayo de 2011 a la atención de la Comisión Especial de junio de 2011, sobre el funcionamiento práctico del Convenio de La Haya de 1980 sobre Sustracción de Menores y del Convenio de La Haya de 1996 sobre Protección de Niños,* disponible en: http://www.oas.org/juridico/spanish/tratados/b-53.html, consultado el 02 de diciembre del 2021.

240 Véase el artículo en cita en el siguiente link: http://www.oas.org/dil/esp/convenio de la haya sobre los aspectos civiles de la sustraccion internacional de menores.pdf, consultado el 02 de diciembre del 2021.

ciertas limitantes con el objeto de velar por la protección del menor de edad, toda vez que el objetivo principal de la Convención de La Haya sobre la sustracción de menores es justamente, la restitución de un niño, niña o adolescente al país en donde reside de manera habitual, sin ocasionarle a éste un daño mayor al que ya pudiere hacer recibido.

En este sentido, considero que la inclusión de la mediación en cualquier asunto inherente con una sustracción de menores y que sea resuelta conforme al procedimiento establecido en la Convención de La Haya de 1980, no sólo debe limitarse a discutir respecto del modo en que se llevará a cabo la restitución inmediata del niño, niña o adolescente a la jurisdicción competente, sino que debe de realizarse de una forma amigable buscando salvaguardar el interés superior del menor, por lo cual al brindarse por la vía de la mediación, también puede discutirse la posibilidad de que no se produzca la restitución, sus condiciones, sus modalidades y las cuestiones relacionadas, todo insistimos en aras del interés superior del menor.

Es de precisarse que las consideraciones planteadas, en ningún momento estarían en contra de la Convención de La Haya respecto a la Sustracción de Menores, toda vez que si fuere el caso en que las partes se sometieran a la mediación en todo momento se estaría tomando en consideración el bienestar del niño, niña o adolescente, por lo cual, en ningún momento se violarían ni sus derechos, ni las disposiciones de índole familiar y que son proteccionistas en cuanto a los derechos de la familia y de éstos(as).

Al respecto, vale la pena citar el procedimiento tanto administrativo como el jurisdiccional mexicano en los casos en los que la solicitud de restitución llega a nuestro país para comprender la importancia de la mediación:

En el caso del procedimiento administrativo es el siguiente:[241]

"1.- Una vez recibida la solicitud de restitución por parte de la Autoridad Central del país requirente o del padre perjudicado o de la persona que tiene la guarda y custodia del menor o menores trasladados o retenidos ilícitamente, la Autoridad central mexicana revisa los requisitos y fondo y forma:

a) Si cumple con los requisitos, se remite al Tribunal Superior de Justicia del Estado donde podría encontrarse al menor para el trámite del proceso;

b) Si no cumple con los requisitos, se apercibe a la Autoridad central requirente a fin de que el solicitante proporcione información adicional o aclare su solicitud:

b.1. Si cumple con los requisitos, se remite al Tribunal Superior de Justicia del Estado donde podría encontrarse el menor para el trámite del proceso;

b.2. Si no cumple con los requisitos establecidos en el Convenio, se declara improcedente por la Autoridad central mexicana y se informa a la Autoridad central requirente."

Es quizá en el inciso b.1, si la solicitud cumple con todos los requisitos, cuando podría darse este intento de mediación previo a que se remita la misma al Tribunal Superior de justicia del Estado respectivo, ya que en dicho momento en donde podría lograrse el acercamiento entre las partes fin de lograr una solución amistosa previo al trámite jurisdiccional, ya que una vez iniciado este, ya tendría que ser parte del mismo procedimiento la etapa de mediación cuando debería de lograrse el mismo,

---

[241] González Martín, Nuria y Portal Solís, Emilia Guadalupe, "*Medios Alternativos de Resolución de Disputas*", pág. 505, en Tenorio Godínez, Lázaro, Rubaja Nieve, Florencia (coords.), *Op. Cit.*

sin embargo, también hay que entender que en la práctica este acercamiento no siempre es sencillo ya que muchas veces ni si quiera se sabe con exactitud el lugar en donde se encuentra el niño, niña o adolescente sustraído(a), por lo cual es aquí donde se debe tener cuidado para que no exista algún intento del sustractor(a) para entorpecer el procedimiento de restitución y con ello no llegar al ámbito jurisdiccional.

Ahora bien, si la solicitud ya es turnada al ámbito jurisdiccional, el procedimiento es el siguiente:[242]

"1.- Se presenta la solicitud de restitución, a través de la Autoridad Central, que en caso de nuestro país se ha reiterado que es la Secretaría de Relaciones Exteriores, a través de la Dirección General de Protección del Mexicano en el Exterior, Dirección de familia, quien remitirá la solicitud al Tribunal de justicia el Estado en donde podría encontrarse el menor;

2.- Se designa juzgado, el cual radica el caso, se verifica que cumpla con los requisitos del artículo 8 del Convenio de la Hay de 1980;

3.- Se dicta el auto admisorio, en donde:

   a) Se ordena notificar personalmente el procedimiento de restitución al padre o madre sustractor (garantía de audiencia);

   b) Se concede un término (tres, cinco o nueve días según el juzgador) para contestar la solicitud y oponer excepciones en términos del artículo 13 del Convenio e La Haya e 1980, previniendo para que presente pruebas para probar sus excepciones, y que las mismas sean pre constituidas para acreditar que el traslado fue lícito.

---

242 *Ibidem,* págs. 506-508.

c) Se señala fecha de audiencia para escuchar al menor, y procurar una restitución voluntaria. Se ordena requerir al padre sustractor(a), para que presente al menor el día y hora señalado para el efecto y se ordena dar la vista correspondiente al Agente del Ministerio Público de la adscripción y se gira el oficio de estilo al Director de la Oficina de Asistencia del Menor del Sistema para el Desarrollo Integral de la Familia de la Ciudad de México (DIF).

d) Se ordenan medidas de aseguramiento como son: girar oficio a la Secretaría de Gobernación para impedir la salida del menor del país, oficio a la Secretaría de Relaciones Exteriores para cancelar pasaportes. En su caso, así mismo oficio a Interpol para asegurar, localizar y presentar al menor al juzgado.

4.- Ya con la fecha en que se emplazará, y dando el tiempo al sustractor para presentar pruebas, encontrado y asegurado al menor, puesto a disposición del DIF o bien decretando el aseguramiento en su domicilio y señalada fecha de audiencia:

a) Encontrado al menor, en la audiencia se le escucha y se conmina al sustractor a entregar al menor de manera voluntaria:

a.1. Si el sustractor accede a la entrega voluntaria, el solicitante informa al juzgador y a la Autoridad central mexicana el plan de viaje para el retorno del menor;

a.2. Si el sustractor no accede a la restitución voluntaria, opone excepciones de acuerdo con el Convenio de la Hayde 1980 (artículos 12, 13 y 20) y exhibe pruebas:

- El juez ordena el retorno del menor, dictando sentencia procediendo la restitución en esa misma diligencia que se les notifica y se entrega al menor al padre solicitante o a su representante para que lo restituya. El solicitante informa al juzgado y a la Autoridad central mexicana el plan de retorno el cual es coordinado por ésta y la Autoridad Central del país requirente;

- El juez niega la restitución, el solicitante puede interponer un amparo contra la resolución del juez.

b) No se encuentra al menor, se gira oficio INTERPOL/México para que se aboque a la búsqueda, localización y recuperación del menor en todo el país:

b.1. La Autoridad central mexicana coordina la investigación y solicita apoyo a otras dependencias del gobierno.

b.2. INTERPOL/México localiza al menor y lo lleva ante la presencia del juez conminando al sustractor para que acompañe al menor ante el juez. Igualmente, en la audiencia, se conmina al sustractor a entregar al menor de manera voluntaria (se sigue la ruta a.1.1., relativa al plan de viaje para el retorno del menor coordinado por el solicitante o padre perjudicado y las Autoridades centrales de los Estados requeridos -México en este caso- y requirente)."

De igual manera, en mi opinión, en el punto 4, sería el momento ideal para que se realizara esta mediación como una etapa que sería parte del procedimiento, ya que aún y cuando el juzgador debe de buscar una solución amigable y fomentar la restitución voluntaria, esta no es en sí una mediación formalmente hablando, ya que ésta según el propio artículo 30 de la Ley de Justicia Alternativa de la Ciudad de México, refiere etapas muy específicas y que bien pueden solucionar el conflicto de origen tal y como se ha sugerido a lo largo del presente, no es solamente conminar a una restitución voluntaria, sino a solventar los problemas que dieron origen a la sustracción o retención y con ello evitar conflictos futuros desde su raíz.

De esta forma, el artículo 30 de la ley en cita menciona:[243]

> Serán etapas del procedimiento de mediación, las siguientes:
>
> I. Inicial:
>
> *a)* *Encuentro entre el mediador y sus mediados;*
>
> *b)* *Recordatorio y firma de las reglas de la mediación y del convenio de confidencialidad;*
>
> *c)* *Indicación de las formas y supuestos de terminación de la mediación;*
>
> *d)* *Firma del convenio de confidencialidad; y*
>
> *e)* *Narración del conflicto.*
>
> II. Análisis del caso y construcción de la agenda:
>
> *a)* *Identificación de los puntos en conflicto;*
>
> *b)* *Reconocimiento de la corresponsabilidad;*
>
> *c)* *Identificación de los intereses controvertidos y de las necesidades reales generadoras del conflicto;*
>
> *d)* *Atención del aspecto emocional de los mediados;*
>
> *e)* *Listado de los temas materia de la mediación; y*
>
> *f)* *Atención de los temas de la agenda.*
>
> III. Construcción de soluciones:
>
> *a)* *Aportación de alternativas;*

---

243 Asamblea Legislativa de la Ciudad de México, *Ley de Justicia Alternativa de la Ciudad de México*, 2008, disponible en su versión en línea en el link: http://www.aldf.gob.mx/archivo-894e97c0ad5bd01193b2ab400d12e848.pdf, consultado el 02 de enero de 2022.

b) *Evaluación y selección de alternativas de solución; y*

c) *Construcción de acuerdos;*

IV. Final:

a) *Revisión y consenso de acuerdos; y*

b) *Elaboración del convenio y, en su caso, firma del que adopte la forma escrita.*

Así las cosas, resulta claro que la mediación es un procedimiento especializado para lograr soluciones y acuerdos amigables entre las partes afectadas, por lo cual, no es simplemente decirle a los afectados que restituya al niño, niña o adolescente y que continúen con sus disputas en el país de residencia habitual, sino que va al fondo del problema y trata de dirimir las controversias de manera integral y no solamente parcial, por lo cual es menester fomentar la misma por los impartidores de justicia.

De igual manera, es importante señalar que, en las controversias familiares internacionales, la mediación debe considerar la interrelación de las partes entre las cuestiones tratadas dentro de la mediación y las cuestiones de competencia y ley aplicable. Por lo que, una vez que se haya llegado a un acuerdo, un juez familiar únicamente deberá intervenir para los efectos jurídicos de la mediación, es decir, para los efectos de inscripción o de convertir el acuerdo en una orden judicial. Por ello, es importante considerar qué quienes imparten justicia, pueden ser competentes respecto de las cuestiones que se incluirán en el acuerdo de mediación, al igual que la cuestión de la ley aplicable. Si un acuerdo de mediación cubre una amplia gama de cuestiones, es posible que más de una autoridad administrativa o judicial deba intervenir en el proceso de dar efectos jurídicos al contenido del acuerdo.[244]

---

[244] Documento Preliminar N.º 5 de mayo de 2011 a la atención de la Comisión Especial de junio de 2011 sobre el funcionamiento

De esta forma, las instituciones mexicanas facultadas para resolver temas relacionados con sustracción internacional de menores, deben tomar en cuenta otros mecanismos alternativos para resolver dicho conflicto, en específico la mediación, toda vez que al tratarse de un niño, niña o adolescente, dicho proceso para la restitución a su país en donde reside habitualmente, debe de tener ciertos mecanismos para que el proceso sea llevado de manera eficaz y al ser un tema de urgencia deben buscar alternativas en las cuales las partes puedan tener la libertar de llegar a un acuerdo que mejor les convenga y que más favorezca a éstos(as), esto quiere decir, que no sería necesario que se lleve a cabo una restitución de un niño, niña o adolescente de manera forzosa si tanto éstos(as), como las partes son tomadas en cuenta para la toma de una decisión tan importante y con ello, tratar que dicho acuerdo en la mediación proteja todos aquellos derechos reconocidos en la Convención de La Haya de 1980 respecto de la Sustracción de menores, así como en la Convención Interamericana de Restitución de Menores de las cuales México forma parte.

Así las cosas y aún y cuando la propia Convención no refiere de manera expresa a la mediación según se analizó en el apartado respectivo, resulta claro que al ponderar el interés superior del menor y al buscar en todo momento que las restituciones sean lo menos traumáticas para las partes y contemplar las soluciones amigables, resulta claro el hecho que debe ser tomado como una forma de solventar las controversias, por lo cual deberían de implementarse los protocolos o mecanismos a fin que siempre que exista una sustracción internacional,

---

práctico del Convenio de La Haya de 1980 sobre Sustracción de Menores y del Convenio de La Haya de 1996 sobre Protección de Niños, pág. 57, disponible en su versión en línea en el link: https://assets.hcch.net/upload/wop/abduct2011pd05s.pdf, consultado el 03 de enero de 2022,

se busque esta forma de llegar a una solución que sea acorde a lo que las partes quieren y que sea siempre el bienestar de los niños, niñas y adolescentes, máxime que tal y como la propia Secretaría de Relaciones Exteriores al dar respuesta a la solicitud de acceso a la información con número de folio 330026821000618, de fecha 22 de diciembre de 2021[245], refirió que al día de hoy México no forma parte de ningún tratado internacional que regule específicamente la mediación y no ha realizado labores de mediación en casos de sustracción internacional de menores y aún y cuando formara parte de algún tratado internacional al respecto, ello no significa que la propia Cancillería deba de ofrecer la mediación referida.

Lo antes citado, reitera que nuestro país aún se encuentra en un proceso de implementación de tales medios de solución amigables que refiere la propia Convención de La Haya y por tanto, deben de implementarse tanto mediadores que pueda facilitar dicho proceso, como protocolos para su implementación y actuación en tal caso.

De esta forma, si previo a iniciar el proceso jurisdiccional de restitución contemplado en el Convenio de La Haya de 1980 se someten las partes a una mediación como parte del mismo proceso o previo a éste, como se mencionó anteriormente, resulta claro que será más fácil llegar a acuerdos comunes y a soluciones menos traumáticas para las partes y, sobre todo, tutelando el interés superior del menor.

En este sentido si el proceso de restitución internacional de menores, tiene su base en el principio del interés superior del menor, el cual contempla muchos aspectos inherentes al ser humano y todos los Estados parte del Convención Sobre los Aspectos Civiles de la Sustracción Internacional de Menores, deben ser protectores de dichos derechos y adecuar sus

---

245 Véase el informe en la plataforma de acceso a la información.

normas internas al proceso de restitución contemplado conforme al propio Convenio de La Haya.

Del mismo modo y si el principal objetivo de la Convención es el mantenimiento de las condiciones en las que se encuentra el niño, niña o adolescente previo a la sustracción ilícita, sin entrar al fondo con otros derechos como el de alimentos, custodia o visitas entre otros, resulta claro que salvo las excepciones mencionadas en la propia Convención en su artículo 13, es menester que los Estados velen en todo momento por el interés superior de los niños, niñas y adolescentes y por tanto la implementación de los medios alternativos de solución de controversias y en concreto la mediación.

Así, la mediación, ayudaría a solucionar los conflictos de forma más amigable, máxime que el inciso "c" del artículo 7º de la propia Convención contempla la restitución mediante una solución amigable, para lo cual, el propio Consejo de Asuntos Generales y Políticas ha impulsado que los convenios sean más prácticos, realizando "una Guía de Buenas Prácticas" sobre el uso de la mediación en el contexto del Convenio de La Haya del 25 de octubre de 1980 Sobre Aspectos Civiles de la Sustracción Internacional de Menores, buscando implementar la mediación y los medios alternativos de solución de controversias para evitar disputas jurisdiccionales.

De esta forma, nuestro país con la normatividad existente y con base en el multicitado Convenio de La Haya, debe implementar mediante, la Suprema Corte de Justicia de la Nación, tanto el protocolo para juzgar con perspectiva de infancia y de adolescencia como diversas jurisprudencias a fin de orientan a todos los/las impartidores/as de justicia para que realicen un trato diferenciado y especializado durante todo el proceso de restitución, contemplando incluso mecanismos alternativos de solución de controversias como la mediación o la adopción de resoluciones extrajudiciales, entre otros.

En este tenor y aún y cuando han pasado más de diez años de las reformas constitucionales en materia de derechos humanos (2011) y en particular de la implementación de los medios alternativos de solución de controversias (2008), se tienen que multiplicar esfuerzos para auxiliar al poder judicial en las materias civil, penal, familiar, mercantil y justicia para adolescentes entre otras, para logar medios alternativos de solución de controversias a fin de llegar a acuerdos entre las partes, apoyándose en personas profesionalizadas en la materia como los mediadores, facilitando el diálogo con las partes en la solución del conflicto y adecuando a las necesidades del caso particular a sus propias soluciones evitando con ello conflictos presentes y futuros, evitando procesos legales.

Por todo lo antes citado, la implementación de una etapa de mediación con mediadores conocedores de los rasgos propios de cada una de las culturas y aspectos sociales de las partes en conflicto deben participar dentro del procedimiento de sustracción debiendo ser una prioridad para lograr la finalidad de la propia Convención que es tener una solución "amigable" para que las partes puedan llegar a un arreglo de acuerdo a sus propias necesidades y sin entrar en procesos jurisdiccionales con las complejidades que esto conlleva y que ya se han citado.

Bibliografía

Beuchot, Mauricio, *Filosofía y derechos humanos,* Editorial Siglo XXI, México, 1993.

Burgoa, Ignacio, *Las Garantías Individuales,* 44ª Edición, Editorial Porrúa, México, 2004.

Cicerón, *Los oficios, Libro I, Capítulo XXVII,* Editorial Porrúa, México, 1982.

Jiménez Blanco, Pilar, *Litigios sobre la custodia y sustracción internacional de menores,* Universidad de Oviedo, España, Marcial Pons, 2008.

Legaz, Lacambra, *La noción jurídica de la persona humana y los derechos del hombre* en Revista de Estudios Políticos. Núm. 5, Madrid, España, 1951.

Marín Pedrero, Carolina, *Sustracción internacional de Menores y proceso legal para la restitución del menor,* 2ª Edición, España, Editorial Ley 57, 2016.

Nino, C.S., *Introducción al análisis de Derecho,* Editorial Ariel Derecho, Barcelona, España, 1991.

Peces-Barba Martínez, Gregorio, *La dignidad de la persona desde la filosofía del Derecho,* 2a. Ed., Instituto de Derechos Humanos Bartolomé de las Casas-Dykinson, Madrid, España, 2003.

Pérez Contreras, María de Montserrat; Macías Vázquez María del Carmen; González Martin, Nuri; Rodríguez Jiménez, Sonia (Coordinadoras), 2016, *Temas selectos de vulnerabilidad y violencia contra niños, niñas y adolescentes,* México, UNAM, Instituto de Investigaciones Jurídicas.

Pías García, Esther (Asociación española de abogados de familia, (coords.), *La sustracción interparental de menores,* Madrid, Dykinson.

Pina, Rafael, *Elementos de Derecho Civil Mexicano,* vol. I, 6a Edición, Editorial Porrúa, México, 1972.

Platón, *Diálogos de Platón,* Editorial Gredos, T. V, Madrid, España, 1988.

Puy Muñoz, F., *El derecho a la dignidad,* en Homenaje a Eleuterio Elorduy, S. J. Universidad de Deusto, Bilbao, España, 1978.

Real Academia Española de la Lengua, Diccionario de la Lengua Española, Barcelona, España, 2020.

Recasens Siches, Luis, *Filosofía del Derecho,* Editorial Porrúa, México, 2003.

Rhona, Schuz, *The Hague Child Abduction Convention: A Critical Analysis,* Londres: A&C Black, 2014.

Rousseau J. J., en *L'Emile, Oeuvres Completes,* 3, Du Seuil, Paris, Francia, 1971.

Tenorio Godínez, Lázaro, Rubaja Nieve, Florencia (coords.), *Cuestiones complejas en los procesos de restitución internacional de Niños en Latinoamérica,* Editorial Porrúa, 2017.

Revistas

Arias Gómez, M., *El retorno del niño sustraído a su residencia habitual: objetivo de la convención interamericana sobre restitución internacional de menores,* Revista CCCSS Contribuciones a las Ciencias Sociales, número 19, enero a marzo 2013. Disponible en www.eumed.net/rev/cccss/23/restitucion-internacional-menores.html.

Baeza Concha, Gloria, *El interés superior del niño: derecho de rango constitucional. Su recepción en la legislación nacional y aplicación en la jurisprudencia,* Revista Chilena de Derecho, Vol. 28 Nº 2, Pontificia Universidad Católica de Chile Santiago, Chile. Disponible en el link: https://repositorio.uc.cl/xmlui/bitstream/handle/11534/14905/000334708.pdf.

Beloff, Mary, *No hay menores de la calle,* en No Hay Derecho, Buenos Aires, núm. 6, junio de 1992. Disponible en: No Hay Derecho Nº 6 – Ahira.

Calvo Caravaca, Luis Alfonso y Carrascosa González, Javier, *Sustracción Internacional de Menores: Una Visión General,* Institución Fernando el Católico, España, Zaragoza, 2009. Disponible en: http://ifc.dpz.es/recursos/publicaciones/31/41/10calvocarrascosa.pdf.

Landero, Egla, *"Los Mecanismos Alternativos de Solución de Controversias como Derecho Humano"* en Revista Castellano-Manchega de Ciencias sociales, núm. 17, junio, 2014, Asociación Castellano Manchega de Sociología Toledo, España. Disponible en: Redalyc. LOS MECANISMOS ALTERNATIVOS DE SOLUCIÓN DE CONTROVERSIAS COMO DERECHO HUMANO (revistaderecho.com.co).

Freedman, Diego, *Funciones normativas del interés superior del Niño,* en Revista, ¿Más Derecho? N° 4, año 4, Fabián Di Plácido Editor, Buenos Aires, 2004. Disponible en: Funciones normativas del interés superior del niño (juragentium.org).

Pérez-Vera, Elisa, *Informe explicativo sobre las conclusiones de la Conferencia de La Haya de Derecho Internacional Privado Internacional*, Madrid, 1981. Disponible en: https://www.hcch.net/es/publications-and-studies/details4/?pid=2779.

Pinochet Olave, Ruperto, *El Interés Superior Del Niño En El Marco De La Convención Internacional Sobre Los Derechos Del Niño Y Su Configuración En El Derecho Civil Chileno*, Revista Chilena de Derecho, vol. 42, núm. 3, diciembre, 2015, Pontificia Universidad Católica de Chile Santiago, Chile. Disponible en: https://www.redalyc.org/pdf/1770/177043767007.pdf.

Rizik-Mulet, Lucía, Sustracción Internacional de menores: Jurisprudencia reciente de los Tribunales Superiores de Justicia Chilenos, International Law: Revista Colombiana de Derecho Internacional, núm. 29, julio, 2016. Disponible en: International Child Abduction: Chilean Case Law of the Superior Courts of Justice (javeriana.edu.co).

Scotti, Luciana Beatriz, *Bases Legislativas para el Trámite Urgente de los Pedidos de Restitución Internacional de Menores*, Argentina, Universidad de Buenos Aires, 2006. Disponible en: http://www.uba.ar/download/investigacion/resumenscotti.pdf.

Scotti B., Luciana, *Las garantías fundamentales en el procedimiento de restitución Internacional de niños*, Derecho de Familia, Revista Internacional Interdisciplinaria de Doctrina y Jurisprudencia, No. 62, Ed. Abeledo Perrot, Buenos Aires, noviembre 2013, pág. 3. Disponible en http://www.derecho.uba.ar/investigacion/investigadores/publicaciones/scotti-las-garantias-fundamentales.pdf.

Libros virtuales

Bendel S., Yael (coords.), *"La Convención sobre los Derechos del Niño" Comentada,* Misterio, Poder Judicial de Buenos Aires, Público Tutelar, 2019, disponible en el link: https://www.mptutelar.gob.ar/sites/default/files/ORIGINAL_Convenciones_Comentada_web.pdf.

Castro-Rial Canosa, Juan Manuel, *El convenio de La Haya sobre Protección de Menores*, en Anuario de derecho civil Vol. 14, No. 4, Madrid, 1961. Disponible en el link: https://dialnet.unirioja.es/ejemplar/138615.

Domínguez Martínez, Jorge Alfredo, Sánchez Barroso, José Antonio, Coordinadores (Coords.), *Homenaje al maestro José Barroso Figueroa por el Colegio de Profesores de Derecho Civil, Facultad de Derecho-UNAM*, México: UNAM, Instituto de Investigaciones Jurídicas, 2016. Disponible en: Homenaje al maestro José Barroso Figueroa por el Colegio de Profesores de Derecho Civil, Facultad de Derecho-UNAM.

Fondo de las Naciones unidas para la infancia (UNICEF) México, *Derechos a la identidad. La cobertura del registro de nacimiento en México 1999 y 2009.* México, Instituto Nacional de Estadística y Geografía, 2009. Disponible en https://archivos.juridicas.unam.mx/www/bjv/libros/10/4691/11.pdf.

Fondo de las Naciones unidas para la infancia (UNICEF) Chile, Justicia y Derechos del Niño, número 9, Fondo de las Naciones Unidas para la Infancia (UNICEF), Chile 2007. Disponible en *justcia_y_derechos_9.pdf (unicef.cl).

Fondo de las Naciones unidas para la infancia (UNICEF) Chile, Justicia y Derechos del Niño, Núm. 11, octubre de 2009. Disponible en 20.pdf (unam.mx).

Fondo de las Naciones unidas para la infancia (UNICEF) Chile, Justicia y Derechos del Niño, Núm. 1, noviembre de 1999. Disponible en Justicia y derechos 1.pdf (unicef.cl).

García Revuelta, Carmen, *Aplicación Práctica del Convenio de La Haya y el Reglamento 2201/2003.* El Papel de la Autoridad Central, pág. 3, disponible en su versión en el link: http://www5.poderjudicial.es/CVsm/Ponencia_6_ES.pdf, consultado el día 17 de agosto del 2020.

González Contró, Mónica, *Decisiones relevantes de la Suprema Corte de Justicia de la Nación, núm. 79. Interés superior del menor. Su alcance y función normativa aplicable en materia de patria potestad, reconocimiento de paternidad y guarda y custodia, Serie Decisiones Relevantes de la Suprema Corte de Justicia de la Nación,* Suprema Corte de Justicia de la Nación e Instituto de Investigaciones Jurídicas de la Universidad Nacional Autónoma de México, México, 2015. Disponible en: https://biblio.juridicas.unam.mx/bjv/detalle-libro/3992-decisiones-relevantes-de-la-suprema-corte-de-justicia-de-la-nacion-num-79-interes-superior-del-menor-su-alcance-y-funcion-normativa-aplicable-en-materia-de-patria-potestad-reconocimiento-de-paternidad-y-guarda-y-custodia.

Gutiérrez Contreras, Juan Carlos, (Coord.), Memorias del Seminario Los Derechos Humanos de los Niños, Niñas y Adolescentes, México: Secretaría de Relaciones Exteriores, Programa de Cooperación sobre

Derechos Humanos en México, 2006. Disponible en: Memorias del Seminario Los Derechos Humanos de los Niños, Niñas y Adolescentes (unam.mx).

Hernández Cruz, Armando, Derecho al libre desarrollo de la personalidad, Serie nuestros Derecho, México, INEHRM-IIJ, 2018. Disponible en: http://ru.juridicas.unam.mx/xmlui/handle/123456789/42428.

Najurieta, María Susana, "Restitución internacional de menores", en Grosman, Cecilia (dir), *Hacia una armonización del derecho de familia en el Mercosur y países asociados,* Lexis Nexis, Buenos Aires, 2007. Disponible en: https://www.tprmercosur.org/pmb/opaccss/index.php?lvl=notice_display&id=9007&seule=1.

Normatividad, tratados internacionales y otros

Código Civil para el Distrito Federal. Disponible en: https://www.congresocdmx.gob.mx/media/documentos/50289a13825049361bb4abc0298d1374beed4009.pdf.

Convenio Argentino-Uruguayo sobre Protección Internacional de Menores Montevideo, 31 de Julio de 1981. Disponible en: Convenio Argentino-Uruguayo sobre Proteccin Internacional de Menores (hcch.net).

Convenio entre el Reino de España y el Reino de Marruecos sobre la Asistencia Judicial, Reconocimiento y Ejecución de Resoluciones Judiciales en Materia de Derecho de Custodia, Derecho de Visita y Devolución de Menores. Disponible en A19348-19351.pdf (boe.es).

Convenio Europeo relativo al reconocimiento y a la ejecución de decisiones en materia de custodia de menores, así como al restablecimiento de dicha custodia. Disponible en: BOE.es–BOE-A-1991-8061 Convenio Europeo relativo al reconocimiento y a la ejecución de decisiones en materia de custodia de menores, así como al restablecimiento de dicha custodia, hecho en Luxemburgo el 20 de mayo de 1980 (publicado en el «Boletín Oficial del Estado» de 1 de septiembre de 1984). Retirada reserva de España al artículo 12 del Convenio.

Convención Interamericana sobre Restitución Internacional de Menores. Disponible en: http://www.oas.org/juridico/spanish/tratados/b-53.html.

Constitución Política de los Estados Unidos Mexicanos. Disponible en: http://www.diputados.gob.mx/LeyesBiblio/pdf/1_060320.pdf.

Convenio sobre los Aspectos Civiles de la Sustracción Internacional de Menores. Disponible en: https://www.hcch.net/es/instruments/conventions/full-text/?cid=24.

Convención sobre los Derechos del Niño. Disponible en: https://www.ohchr.org/sp/professionalinterest/pages/crc.aspx.

Ley de Cuidados Alternativos para niñas, niños y adolescentes en el Distrito Federal. Disponible en: 5ee1d2d8a337a6f6d065d93957f559eff4bba986.pdf (congresocdmx.gob.mx).

Ley de los Derechos de los Derechos de Niñas, Niños y Adolescentes de la Ciudad de México. Disponible en: https://data.consejeria.cdmx.gob.mx/images/leyes/leyes/LEY_DE_LOS_DERECHOS_DE_NINAS_NINOS_Y_ADOLESCENTES_DE_LA_CDMX_6.3.pdf.

Ley Nacional del Sistema Integral de Justicia Penal. Disponible en: http://www.diputados.gob.mx/LeyesBiblio/pdf/LNSIJPA.pdf.

Ley 15/2015, de 2 de julio, de la jurisdicción voluntaria. Disponible en: https://www.boe.es/buscar/act.php?id=BOE-A-2015-7391.

Recomendación R (98), 1 del Consejo de Ministros a los Estados Miembros sobre la Mediación Familiar. Disponible en: https://www.ucm.es/data/cont/media/www/pag-40822/recomendacioneuropea.pdf.

Reglamento (CE) 2201/2003, relativo a la competencia, el reconocimiento y la ejecución de resoluciones judiciales en materia matrimonial y de responsabilidad parental. Disponible en: https://www.mptutelar.gob.ar/sites/default/files/ORIGINAL_Convenciones_Comentada_web.pdf.

Tesis y jurisprudencia

Tesis: P. LXVI/2009 (9ª.), *Semanario Judicial de la Federación y su Gaceta,* Novena Época, Tomo XXX, diciembre de 2009, página 7, Registro 165822.

Tesis: I.5o.C. J/32 (9ª.), *Semanario Judicial de la Federación y su Gaceta,* Novena Época, Libro IX, junio de 2012, Tomo 2, página 698, Registro 160075.

Tesis: 1ª. CXXIII/2012 (10ª.), *Semanario Judicial de la Federación y su Gaceta,* Décima Época, Libro IX, junio del 2012, Tomo 1, pág. 259, Registro 2000987.

Tesis: 1ª. CXXII/2012 (10ª.), *Semanario Judicial de la Federación y su Gaceta*, Décima Época, Libro IX, junio del 2012, Tomo 1, pág. 260, Registro 2000988.

Tesis: 1ª. XLIX/2013 (10ª.), *Semanario Judicial de la Federación y su Gaceta*, Décima Época, Libro XVII, febrero de 2013, Tomo 1, pág. 830, Registro 2002864.

Tesis: 1ª. LXXVI/2013 (10ª.), *Semanario Judicial de la Federación y su Gaceta*, Décima Época, Libro XVIII, Marzo de 2013, Tomo 1, pág. 887, Registro 2003068.

Tesis: 1ª./J. 30/2013 (10ª.), *Semanario Judicial de la Federación*, Décima Época, Libro XVIII, Marzo del 2013, pág. 401, Registro 2003069.

Tesis: 1ª./J.18/2014 (10ª.), *Semanario Judicial de la Federación y su Gaceta*, Décima Época, Libro 4, Marzo del 2014, Tomo I, pág. 406, Registro 2006011.

Tesis: 1ª. CVIII/2014 (10ª.), *Semanario Judicial de la Federación y su Gaceta*, Décima Época, Libro 4, Marzo del 2014, Tomo I, pág. 538, Registro 20005919.

Tesis: 1a./J. 31/2014 (10ª.), *Semanario Judicial de la Federación y su Gaceta*, Décima Época, Libro 5, Abril de 2014, Tomo I, página 451, Registro 2006227.

Tesis: 1ª./J. 44/2014 (10ª.), *Semanario Judicial de la Federación y su Gaceta*, Décima Época, Libro 7, Tomo I de junio de 2014, pág. 270, Registro 2006593.

Tesis: CCCLXVIII/2014 (10ª.), *Semanario Judicial de la Federación y su Gaceta*, Décima Época, Libro 11, octubre de 2014, Tomo I, pág. 600, Registro 2007795.

Tesis: 1a. XXXVII/2015 (10ª.), *Semanario Judicial de la Federación y su Gaceta*, Décima Época, Primera Sala, Libro 15, febrero de 2015, Tomo II; página: 1420, Registro 2008419.

Tesis: 1a. LXXXII/2015, *Semanario Judicial de la Federación y su Gaceta*, Décima Época, Libro 15, febrero de 2015, Tomo II; pág. 1398, Registro 2008547.

Tesis: 1ªLXXXIV/2015 (10ª.), *Semanario Judicial de la Federación y su Gaceta*, Décima Época, Libro 15, febrero del 2015, Tomo II, pág. 1409, Registro 2008551.

Tesis: 1a. CCLIII/2016 (10ª.), *Semanario Judicial de la Federación y su Gaceta*, Décima Época, Primera Sala; Libro 36, noviembre de 2016, Tomo II, página: 893, Registro 2013135.

Tesis: XVII.1o.P.A.88 P (10ª.), *Semanario Judicial de la Federación y su Gaceta*, Décima Época, Libro 66, mayo de 2019, Tomo III, página 2617, Registro 2019948.

Tesis 1ª. /J.5/2019 (10ª.), *Semanario Judicial de la Federación y su Gaceta*, Décima Época, Libro 63, febrero de 2019, Tomo I, pág. 487, Registro 2019355.

Tesis 1ª. /J.6/2019, (10ª.), S*emanario Judicial de la Federación y su Gaceta*, Décima Época, Libro 63, febrero del 2019, Tomo I, pág. 492, Registro 2019359.

Tesis: 2a./J. 113/2019, (10ª.), *Semanario Judicial de la Federación y su Gaceta,* Décima Época, Libro 69, Tomo III, de agosto de 2019, pág. 2328, registro 2020401.

Páginas web

https://www.hcch.net/es/states/hcch-members

https://www.hcch.net/es/states/authorities/details3/?aid=107

https://www.gob.mx/cms/uploads/attachment/file/265679/Estad_sticas_sustracci_n_y_retenci_n_2016-2017.pdf

https://www.gob.mx/cms/uploads/attachment/file/265679/Estad_sticas_sustracci_n_y_retenci_n_2016-2017.pdf

http://www.inegi.org.mx/saladeprensa/aproposito/2017/madre2017_Nal.pdf

http://www.inegi.org.mx/lib/olap/consulta/general_ver4/MDXQueryDatos.asp?#Regreso&c=

https://www.interpol.int/es

https://www.gob.mx/sre/documentos/estadisticas-sobre-sustraccion-de-menores?state=published

https://www.hcch.net/es/instruments/conventions/specialised-sections/child-abduction/latin-america

Otras fuentes

Agencia Estatal del Boletín Oficial del Reino de España, disponible en el link: https://www.boe.es/diario_boe/txt.php?id=BOE-A-2015-7391.

Corte Suprema de Justicia, Chile, Auto Acuerdo, Acta 205/2015, modifica y refunde texto del auto acordado sobre procedimiento aplicable al Convenio de La Haya relativo a los efectos civiles de la Sustracción Internacional de Niños y Niñas.

Guía de Buenas Prácticas en virtud del Convenio de La Haya de 1980 sobre los Aspectos Civiles de la Sustracción Internacional de Menores. QUINTA PARTE. Comisión Especial de junio de 2011 sobre el funcionamiento práctico del Convenio de La Haya de 1980 sobre Sustracción de Menores y del Convenio de La Haya de 1996 sobre Protección de Niños Oficina Permanente.

Guía de Herramientas para el Convenio HCCH sobre Sustracción de Niños de 1980 en Tiempos de COVID-19.